顾炎武传

李丹丹 编著

国文出版社
·北京·

图书在版编目（CIP）数据

顾炎武传 / 李丹丹编著. -- 北京：国文出版社，2025. -- ISBN 978-7-5125-1835-3
Ⅰ．B249.1
中国国家版本馆CIP数据核字第2024ST1057号

顾炎武传

编　　著	李丹丹
责任编辑	罗敬夫
统筹监制	杨　智
责任校对	周　琼
出版发行	国文出版社
经　　销	国文润华文化传媒（北京）有限责任公司
印　　刷	文畅阁印刷有限公司
开　　本	880毫米×1230毫米　　32开
	6.5印张　　　　　　　102千字
版　　次	2025年3月第1版
	2025年3月第1次印刷
书　　号	ISBN 978-7-5125-1835-3
定　　价	59.80元

国文出版社
北京市朝阳区东土城路乙9号　　邮编：100013
总编室：（010）64270995　　传真：（010）64270995
销售热线：（010）64271187
传真：（010）64271187-800
E-mail：icpc@95777.sina.net

顾炎武(1613—1682年),初名绛,字宁人,曾自署蒋山傭,学者称亭林先生。明清之际思想家、学者。南直隶苏州府昆山县(今江苏昆山)人。

少年时参加"复社"反宦官权贵斗争。清兵南下,他又参加昆山、嘉定一带的人民抗清起义。失败后,十谒明陵,遍游华北,所至访问风俗,搜集材料,尤致力于边防、西北地理的研究,垦荒种地,纠合同道,不忘兴复。

学问广博,于国家典制、郡邑掌故、天文仪象、河漕、兵农、经史百家、音韵训诂之学,都有研究。晚年治经侧重考证,开清代"朴学"[主张根据经书、历史立论,以达到"明道救世"的目的。在乾隆(1736—1795年)、嘉庆(1796—1820年)年间形成讲究训诂考据的"乾嘉学派"]风气。

在哲学上,反对空谈"心、理、性、命",提倡"经世致用"的实际学问。

在政治上,提出"以天下之权,寄天下之人",要求君主分权而治。

在文学上,要求作品为"经术政理"服务。

目 录

第一章 青少年时期

出生于名门望族……003

受嗣母的照料与启蒙……007

受到嗣祖父的悉心教导……010

归奇顾怪……015

立志编撰……023

遭逢家难……026

第二章 亡国之痛

崇祯皇帝自杀……031

改名顾炎武……038

痛恨清政府的剃发令……045

带领昆山人民起义……051

一家的不幸遭遇……055

第三章 反清复明

隆武政权灭亡 …………………… 063

积极参与抗清斗争 ………………… 067

悲痛于复国希望渺茫 …………… 075

书生转身做商贾 ………………… 080

在旧都的秘密活动 ……………… 087

怒杀恶家仆而入狱 ……………… 095

再遭仇家暗算追杀 ……………… 103

第四章 北游生涯

启程北游 ………………………… 109

落脚山东 ………………………… 114

集中精力著书立说 ……………… 122

马背书馆 ………………………… 126

拜师访友,研讨学问 …………… 130

永历帝被擒 ……………………… 136

一路拜访名山名士 ……………… 141

在章丘的峥嵘岁月……………………146

在山西垦荒成功………………………153

铁骨铮铮拒修《明史》………………158

在华阴的岁月…………………………165

客死曲沃，魂归故里…………………174

第五章　思想巨人

爱国，基于民族自尊……………………181

外甥"昆山三徐"………………………184

将恪守准则传之后人……………………190

著作流传千古……………………………193

第一章 青少年时期

第一章 | 青少年时期

出生于名门望族

明神宗万历四十一年(1613年)五月二十八日,正是炎夏,在南直隶苏州府昆山县千墩镇(今江苏昆山千灯古镇)的一家姓顾的大户人家里,一个男婴呱呱坠地了。婴儿的祖父顾绍芳捋着胡须,在堂屋里踱着方步,在"子曰""诗云"中寻思着一个典雅的名号。这位老监生掂量了很久都没有找到一个合适的字眼。最后有人建议取名绛——大红大紫的多好啊!于是,男孩的名字就这样确定了下来。此外,祖父还给顾绛取了个乳名叫藩汉。

千墩镇位于昆山县城东南三十六里的千墩浦西岸。吴淞江东流至此,江南、江北约有一千座墩,故名千墩浦,城镇也因此而得名。千墩浦是苏州府、松江府之间商旅

往来的交通要道。

千墩镇上的顾氏家族宅第占地广阔,分为南北两宅。其中,南宅从南大桥至蒋泾桥,北宅从木花浜到中木桥。

顾绛就生于南宅。南宅又分为三座小宅,当地人称之为南墙门、中墙门和北墙门。南宅的前门沿街,后门至石马坟。顾绛的生母何氏住在中墙门的第三进。顾绛出生在大厅靠北的第二间。这间屋子房门朝南,东面有四扇明瓦窗,窗前的小天井里有蜡梅、天竹。

顾绛的嗣母王氏住在北宅。顾绛尚在襁褓中时就过继给了嗣母,被抱至北宅抚养。北宅前门沿街,后门直到西场,甚是宽阔,中间还有花园、亭台、假山等。花园中有一座楼,是后来顾绛读书和藏书的地方。

顾家世代都是吴人。到三国孙吴时,顾氏成为江南的望族,也是当时江东四大姓之一。南朝梁、陈之际的大学者顾野王,便是顾氏的始祖,其墓就在苏州吴县(今吴中区)横山东十五里越来溪上。

在明代时,顾氏为世代官宦之家,在当地非常有地位,民间素有"江南无二顾"之说。明武宗正德(1506—

1521年)、明世宗嘉靖(1522—1566年)、明穆宗隆庆(1567—1572年)、明神宗万历(1573—1619年)四朝是顾家最为显赫的时代,顾绛的高祖、曾祖、祖父都曾担任地方和朝廷的要职。

顾绛的高祖顾济,是明武宗正德十二年(1517年)进士,历任行人、刑科给事中赠中宪大夫、江西饶州知府等官职。

顾绛的曾祖父顾章志,是明世宗嘉靖三十二年(1553年)进士,曾担任过贵州省按察使、山东省按察使、应天府尹、南京兵部右侍郎。

顾绛的祖父顾绍芳,是明神宗万历五年(1577年)进士,历任翰林院检讨、经筵日讲官、知制诰等官职。他以诗文为海内所宗,工于五律,著有《宝庵集》。

顾绍芳生了同德、同应两个儿子。顾同德曾为生员。顾同应聪颖好学,工于诗文,为诸生,七次考试都没有考中,而两中副榜;他性情阔达,乐善好施,四十二岁逝世。其中,顾同应是顾绛的生父。

顾绛出生后不久,就过继给了叔祖父顾绍芾为孙。顾绍芾家境富裕,田产达千亩以上,家中人丁包括姬妾和家仆在内有三十余口。顾家藏书颇为丰富,正德末年有藏书六七千卷。

顾绍芾,生员,曾经增例入国子监。他工诗善书,还是一位致力于经世致用的"实学"学者,他认为:"士当求实学,凡天文、地理、兵农、水土,及一代典章之故,不可不熟究。"

顾绍芾为人侠义敢言。陈祖苞在做昆山县令时,为了铲除奸盗,被豪强士绅排斥攻击而辞职。顾绍芾挺身而出,为陈祖苞仗义执言。县中的豪强士绅怀恨在心,使得顾绍芾几乎被残害。

受嗣母的照料与启蒙

顾同应娶何氏。何夫人性情严肃稳重,特别喜爱读书。他们生育有五个儿子、四个女儿。长子顾缃,字遐篆;次子顾绛,字宁人;三子顾纾,字子严;四子顾缵,字子叟;五子顾绳,字子武。

顾绛的叔祖父顾绍芾本来有个儿子顾同吉,但顾同吉十七岁就病逝了。顾同吉的未婚妻子王氏,当即穿戴白衣到顾家父母前,表达身归顾家之意。她来到顾家后,四拜棺柩,肃容拜见顾同吉母亲;后来侍奉顾家老母,很得顾家尊重。

王氏是一位大家闺秀,她的祖父王宇是明朝的辽东太仆寺卿,父亲王述是国子监的太学生。王氏是一位受

过严格的传统道德教育、有着良好文化教养的女性。

在顾同吉病逝后不久,顾绛就过继给了王氏。王氏自从有了顾绛以后,便不再感到寂寞,心里也有所寄托了,同时她也深深感到作为一个母亲的神圣责任。

顾绛三岁那年流行天花,他染上了天花,日夜高烧不退,在嗣母的悉心照料下才转危为安。病后虽然脱痂了,却留下了一些后遗症,特别是左眼有眇——就是弱视。

王氏每天总是起得很早,白天纺纱织布,处理家务,照料顾绛的生活,晚上则挑灯夜读,每每至深夜。她喜欢读《史记》《资治通鉴》一类的史书,也喜欢读有关的典籍史料等。她还会教顾绛读书写字。在顾绛六岁的时候,就开始教他读《小学》(南宋朱熹、刘子澄编),以后又教他读《论语》《大学》等。

万历四十七年(1619年),顾绛七岁,开始读私塾。随着顾绛的逐渐成长,他开始读《周易》。他特别留心于学习儒家"九经",在读《周易》方面用力最多最勤。这些学业都是在嗣母的敦促下进行的。

在顾绛小时候,嗣母每当读到历史上一些忠臣烈女的事迹时,就要放下书赞叹不已,同时把这些故事讲给顾绛听,顾绛也很喜欢听。这些故事有如:刘伯温辅佐明太祖开基立业;方孝孺铁骨铮铮,拒绝为篡位的燕王朱棣起草登基诏书而被诛十族;于谦痛击也先率领的瓦剌军,勇敢保卫京城。

这些故事在顾绛的心里深深扎下了根,可以说是对他人生的启蒙,使他从小就懂得要做一个正直的人、一个对国家和民族有用的人。

受到嗣祖父的悉心教导

顾绛的童年时代,正是明朝充满动乱的年代。大明帝国江河日下,内忧外患。

当时,努尔哈赤领导的女真族政权——后金——在东北崛起。努尔哈赤在统一女真族内部以后,便雄心勃勃地南窥明朝,不时进犯,与明军屡屡交战。明军连连败北,连年丧师失地:明神宗万历四十七年(1619年)的萨尔浒之战,明军大败;万历四十八年在辽沈一带再战,明军又大败;明熹宗天启二年(1622年)的广宁之战,明军再败。1626年,努尔哈赤死去,皇太极即位;1636年,皇太极改国号为"清",更是对明朝虎视眈眈。

明朝内部,连年饥荒,危机四伏,百姓苦不堪言,而贪官污吏又加强对农民的敲诈剥削,逼得人们铤而走险,由此农民起义此起彼伏。万历二十九年(1601年),苏州爆发了以葛成为首领的织工反对矿监税吏敲诈勒索的斗争,并一把火烧毁了税署。万历四十四年,松江、上海、青浦等地万余民众,抄了华亭大地主董其昌(著名书画家)的家,烧毁了他的房屋。天启二年(1622年),爆发了徐鸿儒领导的农民起义,起义军攻占郓城、邹县等地,并建立了大成兴胜政权。

在如此动荡的年代,嗣祖父顾绍芾担负起了对顾绛的童年教育。顾绍芾是一个有着非凡个性、才气和见识的人,他性格豪迈不羁,与著名的"公安派"诗人袁宏道志趣相投,互有信札往来、诗文唱和。

顾绍芾在科举道路上很不得志,只能以生员身份进入国子监读书,也仅仅取得了一个监生的资格。不过,他写得一手好字,就连董其昌都说"见德甫笔墨,令人有退舍之想"。当时的许多公卿都很欣赏他的才气和见识。

顾绍芾从五十岁以后就不再参加科举考试了,他把主要精力用于经世致用之学的研究上面,他提出"取全史所记朝章、国典、地形、兵法、盐铁、户口,悉标识之,以备采择,尤注重节义之行,详举其事,以奖励末俗"。

顾绍芾十分关心时局的变化,注重研究当时的政治。明朝有种叫作《邸报》的政府公报,最初只是靠抄写流传,崇祯十一年(1638年)开始活字印刷,颇似后来的报纸。顾绍芾常常手捧《邸报》,一边阅读一边沉思,在屋子里来回踱步。

有一天,顾绍芾正在想着什么,顾绛蹦蹦跳跳地跑过来。顾绍芾便指着庭院里的草根,神色严肃地说:"以后你要是能吃上这东西,就算是幸运的了!"顾绛当时只有十来岁,当然不明白嗣祖父话语中包含的深意。但是,他看到嗣祖父充满忧虑的神情,联想到嗣祖父平时所讲的天下大事,心里也感到沉重起来,好像若有所思的样子。

从万历四十八年(1620年)到崇祯九年(1636年)的十七年间,顾绍芾为了保存当时的史料,坚持将每一期《邸报》中的重要内容抄写下来,细字草书,一纸两千余字,共装订成了二十五册。顾绍芾在晚年,手不能书写了,但是仍然取来《邸报》并标识其中的重要内容。他著有《庭闻纪述》《梦庵诗草》等书,其学问和见识对顾绛的影响尤为巨大。

天启元年(1621年),后金军队攻取了沈阳、辽阳,四川土司奢崇明也起兵造反。第二年,后金军队攻陷广宁,贵州土司安邦彦、山东白莲教首领徐鸿儒也相继举事。严重的外患和内忧刺激着顾绍芾的心。于是,他就让顾绛读《孙子》《吴子》等古代兵书,以及《左传》《国语》《战国策》《史记》等著作,教导顾绛救国救民的道理。

天启三年(1623年),顾绛十一岁,顾绍芾又给他讲授《资治通鉴》等,还把朝廷内部党争的曲折,以及一些有关国家内忧外患的原因讲给他听。可见,顾绍芾对孙子是寄予了厚望的。

不仅如此,顾绍芾还教顾绛很多读书做人方面的学问。他曾说:"要做一个真正的读书人,就必须学习各方面的知识,如天文地理、礼仪风俗制度、兵农赋税水利等各方面,都必须加以研究。"

顾绍芾还对顾绛说:"现在的士大夫们不求实学,大多抱着朱子《语录》《纲目》不放,没有一点真才实学,而把国家和社会的现实问题以及有关国计民生的学问置于一边;著书写文章,没有一点创新精神,老是抄袭别人的东西,这是不可取的态度。"

嗣祖父的这些话使顾绛领悟到,做学问是件老老实实的事,必须下一番苦功才行。于是,他暗暗决定,自己长大后一定要成为一个具有真才实学的人。

顾绍芾本来并不主张让孙子学习科举应试文章,然而,在顾绛十四岁那年,很多人对顾绍芾说,这孩子聪明,何不送他去县学读书并考取功名?在别人的一味劝说下,顾绍芾把孙子送进了县学。这年,顾绛考入了昆山县学,成了一名生员,即秀才。他的府试成绩颇佳,受到知府寇慎的夸奖。

在当时,学子们成为秀才以后,就可以通过乡试考举人;考中举人之后,便可以考进士了。这是一条读书人通过科举考试进入朝廷做官并成就功名的道路。

然而,顾绛在科举上并不得志,他连年参加乡试,都名落孙山。

归奇顾怪

顾绛的青年时代,是大江南北读书人进行结社活动最为活跃的时期。顾绛在十七岁时就参加了"复社"。

复社,有"小东林"之称,最初是由吴江的孙淳等人发起成立的,主要任务在于揣摩八股、切磋学问、砥砺品行,但又带有浓烈的政治色彩。

与复社几乎同时成立的,还有太仓人张溥、张采及苏州人杨维斗创立的"应社",松江人陈子龙、夏允彝创立的"幾社",浙西的"闻社",江北的"南社",江西的"则社",等等。

明思宗崇祯元年(1628年)、二年,在张溥、张采的号召下,大江南北各地的会社统一合并于复社。复社成员必须做到"忘其身惟取友是急,义不辞难而千里必应"这一准则。复社反映着"吴江大姓"等江南地主、商人的利益,又与这一带市民阶层的斗争相呼应,因而具有相当广泛的基础。

崇祯二年(1629年),复社召开尹山大会,顾绛在此时正式加入复社。第二年,顾绛赴南京参加应天府乡试,在此四方士子云集之际,复社召开了金陵大会。崇祯六年(1633年),复社召开了苏州虎丘大会,更是盛况空前,当时的场面有人记载:

> 山左、江右、晋、楚、闽、浙以舟车至者数千余人,大雄宝殿不能容。生公台、千人石,鳞次布席皆满,往来丝织……观者甚众,无不诧叹,以为三百年来从未一有此也。

复社在形式上是以文会友、讲学论道、诗酒唱和,不过,实际上这些读书人却常常评议朝政。复社人员以"尊经复古"为由,纵论天下大事,抨击时政,活动范围遍及大江南北,而且在全国各地拥有很多社盟,成员差不多有三千名。当时昆山参加复社的有十八人,顾绛名列第六。

顾绛是与同里好友归庄一起加入复社的。归庄,名祚明,字玄恭,号恒轩。他是明代著名散文家归有光的曾孙,为人豪迈尚气节,具有好奇心,不拘小节。顾绛和归庄同年出生,是同学,有着相同的志趣,所以经常在一起游玩,几乎称得上是形影不离。

不过,人们称他们俩为"归奇顾怪",这是为什么呢?先说"顾怪"。

之前提到过,顾绛在三岁的时候出了一场天花,导致左眼弱视,看见他的人都说这相貌有点怪异。不过,顾绛的性格更怪。

顾绛读了几年县学,在十四岁考中秀才之后,始终没有通过乡试,也就不能参加进一步的科考了。顾绛不像别的读书人那样,抱定死啃八股文、最终金榜题名的目的,而是和许多复社的朋友一起,认真探究有关国计民生的学问。

顾绛也发愤读书,但读的不是那些"之乎者也"类的学问。他认为国家正处在多事之秋,一个有抱负的读书

人，必须以真才实学来为国家、百姓做事。他认为，所谓的真才实学，不是为了应付科举考试，也不是盲目地追随潮流，而是做一些能够探索国家衰败原因、挽救良策的学问。

生活在风云变幻、动荡不安时局下的顾绛，深深为明朝的前途担忧。即使明白经世济民的学问对于国家来说已经是缓不济急，但是，一个热爱国家、渴望振兴的读书人所能做的，也只能是以自己的真才实学为国家尽绵薄之力而已。

在那个年代，世人都把通过科举考试、步入仕途作为唯一的飞黄腾达之路，顾绛的想法在很多人看来有点怪，甚至是不合时宜，但是他自己却不以为然。

接下来再说说"归奇"。

顾绛有多怪，归庄就有多奇，所以两个人才如此志同道合。归庄的曾祖父归有光，是明代著名的散文家，三十五岁时考中举人，后来很多年屡试不第，直到六十岁才考上进士，被派往浙江任长兴县令，但是，没想到在长兴得罪了上司，改调为河北顺德府通判。

六十五岁时,归有光升任为南京太仆寺丞,当政者终于开始器重他,把他留在北京内阁。谁知道归有光身体不争气,因为劳累过度而生了病,第二年在任上逝世了。

有意思的是,归有光仕途坎坷,在文坛上却是个大才子。他曾经以老举人的身份,在家乡过了大半辈子。他读书、讲学、作文,安于淡泊,没有经过很多政局动乱,也没有成就什么轰轰烈烈的大事业,却给后人留下了许多散文名篇:回忆性记事散文《项脊轩志》,抒发怀才不遇的悲愤之作《畏垒亭记》,表明当官要为百姓做好事的心志之作《吴山图记》,都是于细微之中表现丰富生活内容的名篇佳作。

归有光一生的悲喜剧,都源于他耿直的性格。在长兴做知县时,他敢于顶撞上司,甚至不怕被削职为民。在文坛上,他也以一个穷乡老儒的名义,毫不畏惧地与身居南京刑部尚书高位的王世贞进行抗争,敢于直斥其为"妄庸人"。他认为,学习古人的文章应该"有意于以神求之",而王世贞"自谓欲追秦汉,然不过剽窃齐、梁之宗"。

或许归庄继承了祖父的秉性,他用一种漫不经心的

游戏态度对待科举考试。有一次,他居然拎着酒壶走进了考场,一边喜滋滋地喝酒,一边提起笔写考卷。尽管他的文章充满了才华,但是主考官对于他这种与酒壶为伴的考生显然是不会青睐的,他的考试结果可想而知。

在名落孙山以后,归庄不想坐在冷寂的书斋里读书,便南渡钱塘,北涉江淮。他在游览名山大川时,凭吊古今,很容易动感情,总是禁不住放声大哭。别人看见了都觉得怪异,但是,他总是旁若无人,自管流他的眼泪。

归庄的家里清贫如洗,他也满不在乎,干脆在门口书写了这样一副对联:

入其室,空空如也

问其人,嚣嚣然曰

归庄家的茅草屋年久失修,每逢下雨便滴滴答答地漏个不停,他也懒得请人修。客堂内的椅子摇摇晃晃得不能坐人了,他便找几根绳子把它们扎紧,勉强使用,还专门写了一张"结绳而治"的条幅挂起来。

有一年春节,有钱的人家都在燃放爆竹、张灯结彩、

觥筹交错、大吃大喝,归庄却自嘲似的在家门口换了一副新春联:

一枪戳出穷鬼去

双钩搭进富神来

归庄很有才华,书法也好,人们纷纷上门来请他写春联。不管是谁,他都不拒绝。于是,他一边喝酒,一边饱蘸浓墨,挥毫疾书,博得阵阵喝彩,他的心里感到十分满足。

顾绛、归庄这两个"怪人",自然是英雄惜英雄,成了最亲密的朋友。归庄的思想行动,自然对顾绛产生了潜移默化的深刻影响。

顾绛青年时代经常来往的朋友,除了归庄以外,还有比他小七岁的吴其沆、比他小两岁的族叔顾兰服,以及外甥徐履忱。顾绛说吴其沆"于书自《左氏》下至《南北史》,无不纤悉强记;其所为诗多怨声,近《西洲》《子夜》诸歌曲"。其中,《西洲曲》《子夜歌》都是缠绵悱恻的六朝情歌。

顾绛、归庄、吴其沆、顾兰服、徐履忱五个人都很能喝酒,甚至是"各能饮三四斗"。顾绛经常与他们赋诗饮酒,徜徉于山水之间，而常忘却天下正处于多事之秋。

崇祯九年(1636年)六月，顾绛的科试仍为二等。八月，嗣母王氏获得朝廷旌表，以奖励她的德行。后来，顾绛专门撰文以示纪念。

立志编撰

崇祯十一年(1638年),顾绛已经二十六岁了。也是在这一年,他的好友、复社名士陈子龙主持编撰的《皇明经世文编》问世。这是一部洋洋五百余卷的巨著,主持者除了陈子龙以外,还有松江的另外两位复社名士徐孚远、宋徵璧。

参加编辑该套书的有二十四人,全是松江人士;列名参阅的有一百四十二人,则是分散在全国各地的著名学者。这套书的编撰问世,是明朝晚期江南学风转变的一个重要标志,也是江南学者转向经世致用之学的一个重大成果。

崇祯十二年(1639年),顾绛参加科举考试又落榜了。

从此以后,他就不再参加科举考试,正式开始了从事经世致用的学术研究、著书立说之路。对此,顾绛曾经说过:

> 崇祯己卯,秋闱被摈,退而读书。感四国之多虞,耻经生之寡术,于是历览二十一史,以及天下郡县志书、一代名公文集及章奏文册之类,有得即录,共成四十余帙。一为舆地之记,一为利病之书。

这里所指的"舆地之记"和"利病之书",就是后来整理编撰成书的《肇域志》和《天下郡国利病书》。

从顾绛当时规划这两部书的规模来看,他比陈子龙的气魄更大:《皇明经世文编》只限于明代文献,而《肇域志》和《天下郡国利病书》的编撰则是一项"坐集千古之智"的工作。

《肇域志》是明朝的地理总志,内容包括沿革、形势、城郭、山川、道路、驿递、第宅、风俗、寺观等很多方面的内容;《天下郡国利病书》实录了全国各地的农业、赋役、水利、盐法、矿产、交通,以及各地的疆域、关隘要塞、兵防等情况。

顾绛编纂这两部巨著,无疑需要投入巨大精力。在旁人看来,或许他有点自不量力。但是,他毫不畏惧,他相信有志者事竟成,只要勇于走出第一步,以后的路定会一步步坚实地走下去。

顾绛心无旁骛地投入了编纂工作。他四处搜寻资料、调查勘察,并一次次向有经验的人请教,书房里的灯常常亮到深夜。

在编撰这两部著作的同时,顾绛和朋友们也做了很多有利于家乡的事情。比如,他与归庄、叶奕荃参与了昆山修葺孔庙的雅事。事情的起因是孔庙的东西两庑遭到毁坏,他曾在《书孔庙两庑位次考后》中有记载:

> 予时为博士弟子,一日过之,见神位在瓦砾中,与同学二三生拾取,命工修完,奉之东斋,告于邑之长官。越二年,始复其故。

《昆新合志》中也有记载:

> 崇祯十三年,明伦堂摧坏,邑人顾锡畴与知县叶培恕集资修治,并修葺殿庑斋祠,诸生叶奕荃、顾绛、归庄新两庑木主而正之。

遭逢家难

正当顾绛专心致志研究学问、回报社会的时候,他的家族内部却发生了一场对财产的争斗。

崇祯十四年(1641年),顾绛的嗣祖父顾绍芾去世。顾绛作为唯一的继嗣孙,理应继承家业。然而,出自同一曾祖的堂叔顾叶墅、堂兄顾维却看得眼红,要来争夺家产。于是,顾家发生了一系列的家难:先是纵火,继而抢劫,再就是买通官府打官司,最后是暗杀,企图置顾绛于死地。

后来,顾维曾写信给顾绛,推说这一切"主持有人,同谋有人,吾无与焉"。顾绛随即就写了一封义正词严的回信,怒斥他与顾叶墅合谋纵火、抢劫、暗杀等罪恶行径,列举了这些行径给自己和家庭所造成的重大伤害。

在纵火案发生以后,顾绛不得不带着嗣母搬到离昆山千墩镇八十多里的常熟语濂泾(今江苏常熟市沙家浜镇唐市古镇)。但是好景不长,不久语濂泾家中又遭到抢劫,他就不得不回到千墩镇了。就这样,顾绛来来回回搬家好几次,不堪其扰。

在清军占领江南后,穷凶极恶的顾维,在兵荒马乱中被清军杀死。本以为此事就此告一段落,但是顾维的儿子顾洪徽又接着干起了他父亲的勾当,寻衅闹事不已,目的是夺取顾绛家的财产。从崇祯十七年(1644年)顾绛写给归庄的信中可以得知,顾绛已经被家难闹得"百忧熏心"了。

其实,在传统大家族中,这种事情是经常发生的,而明清时期的江南尤甚。一些平时温文尔雅的书生或道貌岸然的学者,到了争夺财产和利益的时候,什么丑恶卑劣的手段都使得出来。

顾绛之所以对中国人"窝里斗"的劣根性特别痛恨,除了政治上导致亡国的惨痛教训外,也与他亲身经历的多次家难有关。

第二章 亡国之痛

崇祯皇帝自杀

明思宗崇祯十五年(1642年)正月,明朝任命孙传庭为兵部侍郎,督率京军救援遭到李自成军队包围的开封。同月,清军攻陷松山,明朝一代名将洪承畴投降清军,锦州随之陷落;其后,明朝悍将祖大寿也投降清军。

二月,李自成军队在襄阳击溃陕西总督汪乔年军,并将汪乔年俘杀了。九月,李自成决开黄河河堤,水灌开封,终于将其攻陷。十一月,清军攻入蓟州,接连攻破京师南部、山东多个州县,直至第二年五月方才撤出。

崇祯十六年(1643年)正月,李自成对农民军内部进行了清洗,杀害了农民起义军首领罗汝才。紧接着,李自成将襄阳改名为"襄京",自称"新顺王"。五月,农民起义

军首领张献忠攻陷武昌。十月,李自成攻破潼关,明朝名将孙传庭殉国。紧接着,李自成攻陷了西安、延安等府。

时隔一年,又是一个正月,李自成在西安称王,立国号"大顺",改元"永昌"。二月,李自成部攻陷山西太原。三月,军事重镇大同、宣府和居庸关,相继降于李自成的大顺军。

正月初三日,崇祯帝召见左中允李明睿,询问防御流寇的急务。李明睿回答:"唯有南迁,可以缓和目前紧急的局势。"

崇祯帝对李明睿说:"朕早就有这样的打算了。你的意思与朕相合,朕决定南迁。只是诸臣不听从,那可怎么办呢?南迁的事情可不能轻易泄露出去啊!"

二月十八日,李明睿上疏称当务之急只有御驾亲征。亲征的进军路线可以先撤向山东,退入南京,率大军驻扎于凤阳,等到各路勤王军队会合之后,就能向西征讨大顺军队了。

兵科给事中光时亨参奏李明睿,指斥南迁之议为邪说,声称不斩李明睿不足以安定人心。崇祯帝默然以对,召光时亨斥责说:"阻止朕南迁,本应将你处斩,暂且饶了这遭再说。"于是,就停止讨论南迁这件事了。

三月十六日,明朝京师三大营数万人在沙河被大顺军队击溃。十七日早朝,诸大臣都惶恐无言,君臣相向而泣。十九日,京城被攻破,崇祯帝在绝望之中自缢于煤山(今北京景山)。崇祯皇帝在临死前,在他所穿的黑色镶边白绵绸背心上用朱笔书写遗言:

> 朕在位十有七年,薄德匪躬,上邀天罪,至虏陷内地四次,逆贼直逼京师,诸臣误朕也。
>
> 朕无颜见祖宗于地下,将发覆面而死,任贼分裂朕尸,勿伤我百姓一人。

江南的早春,苏州河上的杨柳早已吐出了新绿,运河上南来北往的大小船只,仍然像往常一样行驶着,只是在河埠的茶楼里,人们在悄声地议论着一个话题——闯贼李自成进京了,听说崇祯皇帝亲手砍杀公主以后也上吊煤山了,大明帝国灭亡了!

这一年,顾绛三十二岁。他已经成家了,家里的生计和田产都由他操持着。为了生计上的事,他经常来往于扬州、南京、苏州一带。那时候的读书人,大多是忠君爱国的。听到崇祯帝自杀的消息,顾绛很悲痛,回来后写下了《大行哀诗》《千官》《感事(七首)》等诗以示哀悼。其中《千官》诗写道:

武帝求仙一上天,茂陵遗事只虚传。
千官白服皆臣子,孰似苏生北海边?
一旦传烽到法宫,罢朝辞庙亦匆匆。
御衣即有丹书字,不是当年嵇侍中。

崇祯皇帝死了,李自成当皇帝了,今后天下大势不知如何发展。顾绛日夜思考着,同时也密切注视着形势的变化。

不久,苏州运河上热闹起来了,大大小小的官船从北漂来,杨柳残月,那高大的画舫楼船上不时传来阵阵歌女凄婉的歌声。有人说,这是从北京南逃的王室贵族和朝廷官员。

然而,农民军进京后,也迅速腐败起来。李自成的一个部将刘宗敏,霸占了山海关总兵吴三桂的宠妾陈圆圆。吴三桂"冲冠一怒为红颜",引领清军入关,他要借用清政府的兵力,讨伐李自成,并夺回爱妾。

四月二十二日,吴三桂把明朝几十万军队拱手交给了清摄政王多尔衮。清兵和吴三桂军队联合,与李自成的农民军在一片石(在今河北秦皇岛山海关附近)发生激战,结果李自成败退北京。

四月二十九日,李自成在北京即皇帝位。五月初二日,李自成在吴三桂和清军的联合进逼下弃城西逃。当清军占领北京后,改年号为"顺治元年"(1644年)。

人们原以为吴三桂引清军入关只是为了争夺陈圆圆、赶走李自成而已,却没想到竟然是引狼入室。于是,全国上下到处是恐慌、唾骂和埋怨。百姓都预感到,一场民族灾难即将到来,距离亡国亡家的日子已经不远了。

多尔衮在大汉奸洪承畴、吴三桂的谋划下,兵分两路,其中一路追杀李自成农民军,接着攻打山东、河北等地,消灭明朝军队;然后,挥师南下,踏平江南。

崇祯十七年（1644年）五月，南京这个六朝古都，在一片惊恐声中似乎又热闹起来了。

自从三月份北京失陷后，明朝宗室在南方先后建立了几个南明政权，即福王弘光政权、唐王隆武政权、鲁王政权、唐王绍武政权、桂王永历政权、韩王定武政权等，后来均为清军所攻灭。

五月，留都南京的明朝官僚，拥立福王朱由崧（明神宗万历帝之孙，明思宗崇祯帝的堂兄）为帝，建立了弘光政权，以次年为"弘光元年"，朱由崧是为"明安宗"。初五日，弘光政权任命史可法为大学士兼兵部尚书，马士英为东阁大学士兼兵部尚书、都察院右副都御史。

这个朱由崧也是个地地道道的昏庸君主，才登基没几天就大选美女，提出所谓"江山也要，美女也要"。尽管如此，人们心里还是有个盼头：大明江山又有"主"了，北伐中原指日可待了。

六月十五日，清朝摄政王多尔衮传檄于河北、河南、江淮之间的明朝勋旧大臣、文武官员和士民，以共同讨伐流寇相号召。同时,多尔衮为了收买笼络中原人心,谕告官吏军民人等,一是惩罚贪赃枉法者,二是减轻赋税,充分表明了胜利者的宽大为怀和既往不咎的态度。

弘光政权这边,史可法自请督师江北,获准后于二十日出京。

十二月,昆山县令杨永言为了响应明朝南京的求贤诏令,向朝廷推荐了顾绛,明朝授予顾绛兵部主事之职。

改名顾炎武

南明弘光元年（1645年）春，顾绛应诏赴南京。然而，当时执掌兵部大权的是奸臣马士英。顾绛到南京后，竟迟迟不能到兵部就职，更谈不上他所期望的天子召见、对策于朝廷之上了。

弘光朝廷在去年十二月发生了"大悲案"，在弘光元年三月又发生了"太子案""童妃案"，是为"南渡三案"。特别是太子案，谜团重重，使得南明陷于一片混乱。马士英打算把太子案说成是党争，而民间则盛传马士英和王铎想要谋杀太子以取媚于弘光帝。几位大将纷纷上疏，要求保全太子。

三月下旬，平贼将军、太子少保左良玉，以"清君侧"

（清除君主身边的奸臣）为名发布檄文，焚毁武昌，率所部大军东下。南京震动，马士英急切之间，不顾抗清大业，调遣太傅黄得功军队赶赴抵御。

马士英、阮大铖等为了对付左良玉的"清君侧"，对北来的清军不加防备。他们说："宁可让北边的清兵来，也不能让左兵来；宁可死于北兵，也不死于左兵。"

左良玉军被南明的黄得功军击败后，尽降于清军。清兵在明朝军队毫无防备之下，长驱而入，如入无人之地。江北四镇——徐州、淮安、寿州、庐州——不战而弃。就这样，扬州城变成了孤城一座。扬州是南京的门户，扬州破，南京必破。这时，镇守扬州的是著名抗清爱国将领史可法。

史可法坚守扬州，而其他将领手握重兵，坐视不救。在坚持十多天以后，扬州城于四月二十五日被攻破，史可法被俘遇害。清军为泄攻坚之恨，见人就杀，城里军民被杀八十余万，血流成河，尸首遍地，惨不忍睹。这就是历史上悲惨的"扬州十日"。

顾绛在南京时报国无门，只得回到家中。五月初一

是顾绛嗣母王氏的六十岁寿辰。那天,顾绛早早地就回到了家中,归庄、吴其沆、顾兰服、徐履忱四人也都前来祝寿。

虽然说是饮酒祝寿,但是大家心情却非常沉闷,一边喝酒一边讨论天下形势,借着酒意骂那些投靠清朝的汉奸卖国贼,还有那些误国误民的昏君佞臣。

顾绛给大家讲:"扬州城破了,南京危在旦夕,清兵下一个目标便是渡江,踏平南京了。但是,弘光帝还在一手抱着美女,一手拿着酒杯,醉昏昏地倒在一边,前方战情他根本不知道;而马士英一伙也在歌楼妓院里寻欢作乐。上个月我同穆庵叔叔一同到南京,所见所闻都是如此。国家危亡到了这步田地,还有这样于国于民不顾的昏君昏臣啊!"

归庄说:"我恨不得把这些祸国殃民的奸臣贼人统统杀个精光!"随后便用手在空中做了个手势。

顾绛说:"现在蛮夷满清要做中原之主,我们决不能称臣屈服。从此以后,你们不能叫我'绛'了。"

"叫什么呢?"众人急问。

第二章 | 亡国之痛

顾绛望着嗣母,嗣母沉着脸对大家说:"我记得宋朝末年,民族英雄文天祥有个门生叫'王炎午',他也忠贞爱国。我看绛儿也叫'炎午'吧,字'宁人',就是能使普天之下人们安安宁宁的意思。"

顾绛认为,必须以武力收复大明江山,所以要将"午"改为"武",好时时自省自勉。

母亲又说:"国家如今这样危急,我们都有责任为国效力。现在我的生日也过了,你就不要在家待着了,早早收拾一下再去南京试试吧。"

顾绛回答道:"娘说得是,只是儿子总放心不下您。"

归庄立即抢言:"炎武兄放心就是,令堂大人我会来照顾的。"

这一天的祝寿酒,大家一直喝到半夜才各自散去。

十天以后,顾炎武收拾停当,正准备到南京去,却传来很不好的消息:南京陷落了。

当初扬州城破后,南明弘光小朝廷尚有不少的军队,完全可以凭借长江天险与清军决一死战。但是,由于马士英、阮大铖等人的祸害,各将领之间互不协调、相互攻讦,不能结成一个统一的实体,因此对长江疏于防守。清军在明军毫无准备的情况下,偷渡长江,杀进南京城。

五月十五日,清军占领南京,烧杀掳掠、强奸妇女,无所不为,繁华的南京城顿时变成了人间地狱。

此前,南京弘光小朝廷内部也是极为混乱,文武大臣各自打着自己的小算盘,明争暗斗,而像史可法那样坚持抗清的义士很少。例如,负责南京城防的赵之龙,早已秘密派人与清军联络,准备接引清军渡江,并将南京城拱手相送,而弘光朝的君臣们却还全都蒙在鼓里!

在清军进入南京城前夕,弘光帝出逃。那些没有出逃的南京弘光小朝廷官员,则冒雨跪在南京大街上,恭候清朝豫亲王多铎的到来;而守城的十几万军队则不战而降。不久,弘光帝在芜湖被叛将刘良佐抓获,送交清军,随后被押解至北京;次年,在宣武门的城墙上,弘光帝被清兵用弓弦当众勒死。

弘光帝朱由崧,在位仅一年,死时年仅四十岁,弘光政权覆亡。

第二章 亡国之痛

闰六月二十七日,郑芝龙、黄道周等人扶持朱元璋九世孙朱聿键在福州登基称帝,宣布从七月初一起改弘光年号为"隆武元年"(1645年)。朱聿键是为"隆武帝",也称"唐王"。

次日,明王室鲁王朱以海,在浙江绍兴、宁波等地抗清义军及官吏缙绅的扶持下,在绍兴出任监国,以第二年为"监国元年"。鲁王政权建立后,控制浙东绍兴、宁波、台州、温州等地,拥有浙中义师,以及原南明总兵方国安、王之仁部,且凭借钱塘江天险,曾汇兵合攻杭州。但是,鲁王政权腐败,曾热衷于与几乎同时建立的隆武朝廷争夺皇统,势同水火。后来,鲁王监国元年(1646年)六月,鲁王不战而溃,出海潜逃至舟山。清军迅速平定浙东,鲁王大臣张国维、朱大典、孙嘉绩、王之仁等先后死去,方国安、阮大铖等降清。

与鲁王政权形成鲜明对比的是,隆武政权建立之初,便召集明朝老臣旧部商议抗清作战与防守事宜。朱聿键即位不及半月便下诏亲征,影响颇大。江南各地义军纷起,响应抗清号召。

这时,马士英从广德(今安徽广德)逃到杭州,降清后又想投靠福州的隆武帝,被发觉后被斩于延平(今福建南平市延平区)。阮大铖随清军进攻福建,丧命于仙霞岭。

南京已经被清军占领,顾炎武既然不能再去南京,就准备在苏州从军,参加反清复明的大业。

痛恨清政府的剃发令

顺治元年(1644年),清政府一度颁发剃发令,后以人心不服暂缓执行。次年,清军攻下江南,清政府重新颁布剃发令,规定:凡是清军所到之处,限十日之内汉族男子一律剃去前半部头发,后半部依照满族习俗削发垂辫,废弃明朝衣冠。清政府对汉族人实行"留头不留发,留发不留头"的政策,违抗者处死。

在那个时代,剃发还是留发,成为归顺还是反抗清政府的标志。所以,清军每攻占一个地区,就派许多士兵挑着剃头担子放在大街上,到处拉人剃发。不管是谁,都必须剃头;谁要是拒绝,就要把他的头颅砍下来,挂在剃头担子的旗杆上,算是杀鸡儆猴。

但是,在汉族人看来,发肤来自父母,怎么能轻易剃掉呢?剃发留辫,还要穿小领窄袖的满族服装,这实在是奇耻大辱!于是,很多人都发誓:"宁为束发鬼,不作剃头人。"

顾炎武有一位忘年交朋友叫陈鼎和,已经是六十几岁的老人了。一天,他俩在村口的池塘边听到远处隐隐传来的炮声,明白偏僻水乡也不太平了,心头不由得沉重起来。

陈鼎和缓缓地对顾炎武说:"我是上了年纪的人了,不幸遇到这么个大难。也许我不能为了保全自己的头发去自尽,可是我希望死后能把头发带进棺材,也就心满意足了。你还很年轻,要及早拿定主意啊!"

顾炎武点点头。他十分理解老朋友的话的含义。

其实,在清人初入关时,并没有要求汉族人也和他们一样剃发。把汉族人剃发作为臣服标志的首倡者,是一个叫孙之獬的明朝降官。

孙之獬是明熹宗天启(1621—1627年)进士,因为巴结讨好魏忠贤阉党,得以做了侍讲官。崇祯皇帝继位后清除阉党,孙之獬也名列其中。明亡清立,他一味地献媚清政府,最后做了礼部侍郎、兵部尚书等职。

孙之獬是一个非常无耻也毫无民族气节的明朝官员。在多尔衮占领北京后,有些明朝官员先是归顺李自成,继而投降清政府;每次上朝时,汉族官员站一边,满族官员站一边,对比非常鲜明。孙之獬为了表明立场,就改穿了满人的服装,并主动剃发,在上朝时他就站在了满族官员一边,但是马上又被推挤出去,因为他不是满人。于是,孙之獬又站在汉族官员一边,但同样被汉族官员推搡出去了,原因是他穿着满人服装,不伦不类。就这样,搞得他受到两边的排挤。散朝后,他就遭到汉族官员的唾骂。

孙之獬羞愧难当,于是向清政府建议说:"既然大王已经征服汉族,做了中原之主,那么汉族人就应遵从满族的习俗,譬如改穿满族的服装、剃发、留长辫子,这才是臣服的标志。"

多尔衮起初并没有理睬孙之獬,但是,后来经过孙之獬的一再建议就动了心,命令汉族官员一律改穿满族服饰、剃发、留辫子,继而又命令百姓也必须剃发。在无名氏

所著《研堂见闻杂记》中是这样记载:

> 我朝(清朝)之初入中国也,衣冠一仍汉制,凡中朝臣子,皆束发顶进贤冠,为长袖大服,分为满、汉两班。有山东进士孙之獬阴为计,首剃发迎降,以冀独得欢心。乃归满班,则满以其为汉人也,不受;归汉班,则汉以其为满饰也,不容。于是羞愤上疏,大略谓陛下平定中国,万事鼎新,而衣冠束发之制,独存汉旧,此乃陛下从中国,非中国从陛下也。

顺治四年(1647年),清政府派孙之獬招抚江西。随后,他告老返乡,回山东淄川(今淄博市淄川区)养老。由于清政府在强迫汉人剃发时杀了千千万万的人,因此汉族百姓把仇恨集中在孙之獬身上。这一年,山东的农民起义领袖谢迁宣布起义,把孙之獬一家老小全都杀尽了。《研堂闻见杂记》记载说:

> 削发令下,中原之民,无不人人思挺螳臂,拒蛙

斗,处处蜂起。江南百万生灵,尽膏草野,皆之獬一言激之也:原其心,止取于贪慕富贵,一念无耻,遂酿荼毒无穷之祸。

至丁亥岁,山东有谢迁奋起,攻破州县,入淄川城,首将之獬一家杀死。孙男四人、孙女、孙妇,皆备极淫惨以毙。而之獬独缚至十余日,五毒备下,缝口支解。磋乎!小人亦枉作小人尔。

卖国求荣的人绝不会有好下场的!

当顾炎武听到这个消息时,心中也非常痛快。他非常痛恨清政府推行剃发令——给汉人带来了身心上的巨大痛苦——由此也痛恨卖国求荣的孙之獬。于是,他挥笔写下了《淄川行》这首诗:

张伯松,巧为奏,大纛高牙拥前后。
罢将印,归里中,东国有兵鼓逢逢。
鼓逢逢,旗猎猎,淄川城下围三匝。
围三匝,开城门,取汝一头谢元元。

这是一首儿歌体的讽刺诗,顾炎武通过对屈节降清的孙之獬被义军杀死一事的描述,表现了力图恢复故国的决心。

带领昆山人民起义

在清军于顺治元年（1644年）入关以后，清政府对汉族实行野蛮的军事征服、民族歧视的高压政策，给汉族人带来了严重的灾难和痛苦。清政府的统治，必然激起人们正义的反抗运动。

在江南一带，江阴、嘉定等地发生了大规模的抗清斗争。太湖地区也活跃着一支由渔民、农民、知识分子等组成的抗清力量。他们和驻兵上海的明朝江南总兵吴志葵联络，计划夺回苏州，进取南京。

清军占领南京以后，曾派汉奸黄家鼎招降江南各地郡守。黄家鼎到达苏州后，被明朝监军杨文骢率兵杀死。这一事件揭开了江南百姓民族保卫战争的序幕。

弘光元年(1645年)六月初四,清军进入苏州城,随后占领杭州,并派军驻扎吴淞口。后来清朝又下剃发令。吴中各郡抗清义军风起云涌;明朝江南副总兵吴志葵、参将鲁志玙屯兵海上,坚持抗清斗争。原吏部主事夏允彝亲自到他学生吴志葵军中,为之出谋划策,联络各地义军,随时准备以舟师自吴淞口进入长江,以收复江南。

大家约定以松江反攻杭州,以嘉定、太仓兵进攻沿海,以宜兴兵乘船向南京进发,吴志葵率军进攻苏州。

顾炎武目睹这一如火如荼的反清斗争形势,十分兴奋地写下了《千里》诗:

千里吴封大,三州震泽通。

戈矛连海外,文檄动江东。

…………

七月,昆山水利丞阎茂才,带领乡绅耆老到苏州向清军纳款,表示投降。清军十分赏识阎茂才,让他当了知县。阎茂才一上任,就为了讨好清政府而颁发了剃发令,在多个要道张贴布告,宣称只能当清朝的顺民,不准反抗。满城顿时舆论哗然,百姓人心惶惶。

顾炎武、归庄、吴其沆等人当然不甘心乖乖地当顺民,不愿意伸出脑袋来让清军剃发。他们在城里组织怒气冲冲的群众,请回原县令杨永言,公开进行抗清斗争。

群众的力量是不可小觑的,他们一把火烧掉了知县衙门,还把汉奸知县阎茂才捉了出来,当着数千百姓的面,一一列数了他危害百姓的罪行,然后把他斩首示众。这件事拉开了昆山反清武装起义的序幕。

起义的队伍分两支,一支由原总兵王佐才率领,另一支则由原郧阳巡抚王永祚率领。顾炎武、归庄、吴其沆等皆参加了王永祚的抗清部队。在杀了阎茂才之后,顾炎武等人一不做二不休,趁势率领民众迅速占领昆山城,把入侵的清军打了出去。

昆山百姓的反抗行动,实实在在地激怒了清政府。清军一边纠集力量攻城,一边四处追剿反抗的民众。不久,清军攻陷松江、嘉定后,便进攻昆山。顾炎武参加了昆山保卫战,他的夫人王氏也积极参加了后勤工作(他晚年哀悼王夫人的《悼亡》诗中有"北府曾缝战士衣"之句)。

顾炎武在昆山义军中负责"聚粮移檄,为久守计",这可是一件十分艰巨的任务。江南的富豪大都自私吝啬,大敌当前却不肯出钱出粮资助义军。正如归庄在《悲昆山》一文中所说:

> 悲昆山,昆山有米百万斛,战士不得饱其腹,反资贼虏三日谷;悲昆山,昆山有帛数万匹,银十余万斤,百姓手无精器械,身无完衣裙……

七月六日,昆山城破,顾炎武的好友吴其沆英勇牺牲,顾炎武、归庄侥幸脱难。清军进城后,像疯子一样见人就杀。当时城中有居民五万户,据保守估计,被杀害的昆山居民在四万人以上。

这场轰轰烈烈的起义,终因武器弹药匮乏,在清军的疯狂进攻下失败。一度回到百姓手里的昆山城,重又被清军攻破。顾炎武、归庄和杨永言等人不得不离开昆山城。

一家的不幸遭遇

隆武元年（1645年）七月，顾炎武逃脱之后，来到了江南水乡中一条不起眼的小河旁的语濂泾村。他踏着月色，在汪汪的狗叫声中敲开了家门。一见家人忧郁不安的神情，他心头顿时涌上一股不祥的预感。

果然家里出了事，摇曳的灯火把人们的身影投向墙壁。嗣母王氏躺在床上，听闻昆山被清军攻陷后，她已经绝食三天，瘦削的脸庞十分苍白，满头的银丝也有些蓬乱。

听说儿子回来了，王氏费力地睁开了眼睛，瞳仁间透出几星光亮："哦，你安然无恙，苍天保佑……苍天，常熟已经失陷了，告诉我昆山怎么样。"

"母亲!"顾炎武扑通一声跪倒在地,两行泪水止不住涌出眼眶,"清兵攻破了昆山,四弟和五弟惨遭杀害,百姓遭殃,孩儿心如刀绞啊!"

嗣母长叹一声,掉转头,闭上了眼睛,眼角缓缓地渗出两颗浑浊的泪珠来。顾炎武接着诉说:

清军南下,攻苏州,破昆山,我弟弟顾缵发誓以身许国。当清兵入城时,他穿着白衣,冲上城楼与清兵展开殊死搏斗,不幸被刀剑砍中身亡,年仅二十六岁。

顾缵的妻子朱氏听到丈夫阵亡的消息后,更是五内俱焚,痛不欲生。她哭喊着冲出家门,谁知被一群清兵拦截,遭到百般调戏。朱氏是个有烈性的女子,宁可死去也不肯遭受仇敌的污辱。她掏出藏在衣袖里的剪刀,朝着自己的喉咙口猛刺,顿时鲜血直流,昏倒在瓦砾之中。

我生母何氏听说儿子阵亡、媳妇自戕,悲痛万分,慌忙去照料媳妇。她刚把浑身是血的媳妇从瓦砾堆里扶起来,一群清军骑兵就迎面冲了过来。一个清兵举起长刀,顺手一挥,何氏的右臂便被砍掉了,钻心的疼痛使她晕倒在地。

这时,朱氏忽然从昏迷中苏醒过来。她睁开眼睛,看见婆婆身上流淌着殷红的鲜血,一条右臂落在地上,不由大惊失色。这时,两个血人搂抱在一起,泣不成声。

这血淋淋的现实,犹如万把尖刀扎在顾炎武心头。他强忍着悲痛,叙述着不堪回首的惨状。尽管他尽可能讲得简单些,以免让嗣母增加痛楚。可是,王氏不用他多讲,似乎也预感到了一切。

嗣母王氏决心采用自己的方式表示反抗。这位白发苍苍的老妪,深明大义,胸中奔流着一腔热血。为了保持民族气节,她满怀忧愤,决心绝食殉国。王氏绝食后年迈的身体变得十分虚弱,但她志如磐石,毫不动摇。

三天,四天,到了第七天,气息奄奄的老人把顾炎武叫到身边。她抓住儿子的手,用最后的力气说:"你要记住,千万不能做清朝的臣子,千万不能……"说完,她闭上双

目,溘然长逝。

"母亲,我的好母亲啊……"顾炎武伏在嗣母的遗体旁,禁不住放声恸哭。这些天来,他经受着从未有过的痛楚。骨肉间一桩桩的惨事,和深重的民族仇恨交织在一起,像一块巨大的磐石压在他那颗年轻的心上。

八月,清军连克松江、江阴等地。在松江保卫战中,沈犹龙、李待问等义军领袖英勇牺牲,夏允彝自尽殉国。

随后,清军攻陷江阴,屠城三日,城内外殉难者数十万人。顾炎武作《秋山(二首)》诗,其中之一记录了这一时期江南人民的抗清斗争,以及清军大肆屠杀、掳掠大批江南美女和财物运往北方的史实:

秋山复秋山,秋雨连山殷。

昨日战江口,今日战山边。

已闻右甄溃,复见左拒残。

旌旗埋地中,梯冲舞城端。

一朝长平败,伏尸遍冈峦。

北去三百舸,舸舸好红颜。

吴口拥橐驼，鸣笳入燕关。

昔时鄢郢人，犹在城南间。

顾炎武埋葬了嗣母王氏，从此离开家乡，继续进行秘密的抗清活动。

第三章 反清复明

隆武政权灭亡

隆武元年（1645年），在福建福州，隆武帝周围聚集了很多抗清力量。隆武大军由黄道周率领，想趁清兵未站稳脚跟时杀出福建，夺回南京。前锋部队一直打到安徽境内。由于明军后无援兵——郑芝龙按兵不动，并且给养不足，黄道周被俘而殉难。黄道周是位儒生，饱学经史、忠诚耿直，深得隆武帝信任，然而却受到郑芝龙的忌恨。郑芝龙虽然和黄道周拥立了隆武帝，但是又在暗中与清兵勾结。

隆武帝率部退到江西赣州，但是郑芝龙却挟制隆武帝回到福建。在隆武大军驻扎福建延平时，隆武帝再次派使者找到顾炎武，希望他出来效力，这是因为：在黄道周死后,再也没有人能够给隆武帝出谋划策了,而顾炎武从小就涉猎诸子百家等各方面知识,对历史事件、用兵策略等颇有研究。

顾炎武在应召之前,先让随从李定秘密来到隆武帝军营,向隆武帝陈献了自己的抗清策略,深得隆武帝嘉赏。隆武帝让李定再一次带去诏书,希望顾炎武不要迟疑彷徨,早早为朝廷效力。

顾炎武接到诏书,非常激动,他觉得隆武帝如此信任自己,自己一定要为复兴大业竭尽全力。兴奋之下,顾炎武挥笔写下了《延平使至》诗一首,表达了自己当时的心情。诗曰:

春风一夕动三山,使者持旌出汉关。
万里干戈传御札,十行书字识天颜。
身留绝塞援枹伍,梦在行朝执戟班。
一听纶言同感澈,收京遥待翠华还。

从这首诗中可以看出顾炎武对南明朝廷的向往。他说自己留在"绝塞",不能亲身前去,虽然如此,他仍像后方的战士一样,为冲锋陷阵的战士擂鼓呐喊。有时他做梦也在行伍之中,或持戟守卫在朝廷前。

隆武帝本想有所作为,但是,隆武朝的军政大权其实掌握在地方实力派郑芝龙手里,隆武帝本人也为其所挟制。

清顺治三年(1646年)春天,清军攻下浙东、浙南,接着继续挥师南下。

三月二十六日,吴易率领义军与清军大战于分湖(今汾湖),歼敌两千余人,清军余部逃回苏州,全城戒严。五月,吴易又率领义军收复了浙江嘉善,杀死清军守将。于是,清军悬赏三千金捉拿吴易。秋天,吴易被叛将出卖,不幸被捕,在杭州英勇就义。

七月,郑芝龙暗中与清军洽降,撤兵还福建泉州府晋江县安平镇(今晋江市安海镇)。福建门户敞开,清军长驱直入。

八月,隆武帝、皇后与随从大臣皆被清军俘获。隆武帝绝食而亡,年仅四十四岁。隆武政权灭亡。

十月,明朝的两广总督丁魁楚、广西巡抚瞿式耜等人，在广东肇庆拥立桂王朱由榔——明神宗朱翊钧之孙——称帝，并以第二年为"永历元年"。在此后的二十多年中，这一政权一直是大西南和华中地区民族保卫战争的指挥中心。

十一月初二，南明大学士苏观生、隆武辅臣何吾驺等，拥戴唐王朱聿鐭——隆武帝之弟——在广东广州监国。后唐王匆忙称帝，改元"绍武"。在苏观生的把持下，绍武政权一开始就没有把抗清放在首位，相反，为了争夺帝统，与南明永历政权互相火并，兵戎相见。

十二月十五日，清军攻陷广州，唐王朱聿鐭、苏观生皆自杀殉国。绍武政权不满四十天就覆灭了。

积极参与抗清斗争

1646年冬天,顾炎武带着家人启程赴隆武帝之召,在半路上才得知了延平方面隆武帝败亡的消息。顾炎武心里非常悲痛:在南明诸朝中,隆武帝是个比较有见识的人;相形之下,弘光帝朱由崧是个地道的昏君,鲁王朱以海也是个心胸狭隘、难成大器的人。

在失望之余,顾炎武到海上与抗清名将郑成功取得了联系。早在接到隆武帝的诏书前后,顾炎武就决定要到东南沿海一带去观察一下。此时,他秘密来到东南沿海,希望整合那一带的抗清力量。

有几支坚强的抗清力量活跃在东南沿海,其中一支就是郑成功领导的义军。其实,郑成功是海盗郑芝龙的儿子。虽然父亲郑芝龙投降了清政府，但郑成功却是一个坚决抗清的民族英雄，他没有跟着父亲跑到清政府去做官。郑芝龙投降清政府之后不久，他和所带去的几个儿子就都被清政府借故处死了。于是，郑成功以海上为根据地，在旗帜上书写"杀父报国"以示自己反清复明的决心。

顾炎武之所以主动联系郑成功，主要也是看到郑成功抗清的决心和力量。但是，或许两个人的看法有些分歧，顾炎武并没有留下来。

第二年春夏之交，顾炎武再次来到海上。这时，鲁王朱以海以舟山群岛为根据地，而郑成功则在福建东南沿海活动，但是两支力量不能联合起来。顾炎武到海上想劝说双方联合一致，并提出了自己的抗清斗争主张，但是双方都没有采纳。对此，顾炎武非常失望。他在《海上行》一诗中写道：

大海天之东，其处有黄金之宫，上界帝子居其中。欲往从之，水波雷骇；几望见之，以风为解。徐福至彼,止王不来。至今海上人,时见城郭高崔嵬。鼋鼍喷沫,声如宫商。日月经之,以为光明。或言有巨鱼,身如十洲长,几化为龙不可当,一旦失水愁彷徨。北冥之鲲,有耶无耶?又言海中之枣大如瓜,枣不实,空开花。但见鲸鱼出没,凿齿磨牙。昔时童男女,一去不回家。东浮大海难复难,不如归去持鱼竿。

诗中写巨鱼"失水愁彷徨""枣不实,空开花",比喻鲁王朱以海、郑成功难成气候,与他们难以合作,"不如归去持鱼竿"。

永历元年(1647年)四月,明朝叛将吴胜兆在江南爱国人士陈子龙、杨廷枢等人的策动下,准备在松江起事,归顺南明。因事机泄露,吴胜兆被杀。

清军大肆搜捕陈子龙、杨廷枢。陈子龙带了几个人夜访顾炎武,未遇,留住一宿而去。不久,陈子龙、杨廷枢都被清军捕获。在押解途中,陈子龙投水自尽,杨廷枢也壮烈殉国。

顾炎武闻讯,十分悲痛,作《哭陈太仆(子龙)》《哭杨主事(廷枢)》诗各一首。其中,《哭陈太仆(子龙)》写道:

陈君晁贾才,文采华王国。

早读兵家流,千古在胸臆。

初仕越州理,一矢下山贼。

南渡侍省垣,上疏亦切直。

告归松江上,欻见牧马逼。

拜表至福京,愿请三吴敕。

诏使护诸将,加以太仆职。

遂与章邯书,资其反正力。

几事一不中,反覆天地黑。

呜呼君盛年,海内半相识。

魏齐亡命时,信陵有难色。

事急始见求,栖身各荆棘。

君来别浦南,我去荒山北。

柴门日夜扃,有妇当机织。

未知客何人,仓卒具粝食。

一宿遂登舟,徘徊玉山侧。

有翼不高飞,终为罻罗得。

耻为南冠囚,竟从彭咸则。

尚愧虞卿心,负此一悽恻。

复多季布柔,晦迹能自匿。

酹酒作哀辞,悲来气哽塞。

《哭杨主事(廷枢)》写道:

吴下多经儒,杨君实宗匠。

方其对策时,已负人伦望。

未得侍承明,西京俄沦丧。

五马遂南来,汪黄位丞相。

几同陈东狱,幸遇明主放。

牧马饮江南,真龙起芒砀。

首献大横占,并奏北边状。

是日天颜回,喜气浮彩仗。

御笔授二官,天墨春俱盎。

鱼丽笠泽兵,乌合松陵将。

灭迹遂躬耕,犹为义声唱。

松江再蹉跌,搜伏穷千嶂。

竟入南冠囚,一死神慨慷。

往秋夜中论，指事并吁怅。

我慕凌御史，仓卒当绝吭。

齐蠋与楚龚，相期各风尚。

君今果不食，天日情已谅。

陨首芦墟村，喷血胥门浪。

唯有大节存，亦足酬帝贶。

洒涕见羊昙，停毫默凄怆。

他日大鸟来，同会华阴葬。

与此同时，四十余名东南义士带着给鲁王的上疏，在送往舟山的途中被清军查获，清军按上疏中的名单一一进行搜捕。顾炎武的族叔顾咸正因名列其中而被捕，被押往南京。顾咸正的两个儿子顾之遴、顾之逵，则因曾经在清军的搜捕中掩护过陈子龙，也被清军抓走了。

顾炎武曾经试图营救顾咸正父子，但是清军很快就将他们杀害了。过了不久，被捕的那四十余名东南义士，也在南京被叛将洪承畴下令杀害了。顾炎武闻讯，作《哭顾推官》诗以寄托对顾咸正等人的深切哀思：

推官吾父行,世远亡谱系。

及乎上郡还,始结同盟契。

崎岖鞭弭间,周旋仅一岁。

痛自京师沦,王纲亦陵替。

人怀分土心,欲论纵横势。

与君共三人,独奉南阳帝。

誓麾白羽扇,一扫天日瞖。

君才本恢宏,阔略人事细。

一疏入人手,几堕猾虏睨。

乃有汉将隙,因掉三寸说。

主帅非其人,大事复不济。

君来就茅屋,问我驾所税。

幸有江上舟,请鼓铃下枻。

别去近一旬,君行尚留滞。

二子各英姿,文才比兰桂。

身危更藏亡,并命一朝毙。

巢卵理必连,事乃在眉眦。

一身更前却,欲听华亭唳。

我时亦出亡,闻此辄投袂。

扁舟来劝君,行矣不再计。

惊弦鸟不飞,困纲鱼难逝。

旦日追吏来,君遂见囚系。

槛车赴白门,忠孝辞色厉。

竟作戎首论,卒践捐生誓。

仓皇石头骨,未从九原瘗。

父子兄弟间,五人死相继。

呜呼三吴中,巍然一门第。

尚有五岁孙,伏匿苍山际。

门人莫将燮,行客挥哀涕。

群情伫收京,恩恤延后世。

归丧琅邪冢,诏策中牢祭。

后死愧子源,徘徊哭江裔。

他日修史书,犹能著凡例。

经过三年的血战,清政府已将南明军队的有生力量基本消灭了,并且用残暴的屠杀政策扑灭了江南百姓的反抗,轰轰烈烈的抗清斗争进入了低潮。

悲痛于复国希望渺茫

从清顺治五年(1648年)到顺治八年,是顾炎武隐居生活的三年,此时的国家并不安定。顺治五年的正月十七,被南明招抚的郑彩(郑芝龙从子),将南明大学士熊汝霖、义兴伯郑遵谦沉杀于大海。同月,明朝宗室朱容潘称监国,南明四川总督吕大器、巡抚李乾德对之进行讨伐。第二年春天,朱容潘兵败被杀。

清军孔有德部攻陷广西全州。南明的焦琏部奔走永乐,郝摇旗部退走兴安。不久之后,郝摇旗部与清军在灵川会战,失败而走,想要退入桂林,遭到广西巡抚瞿式耜的拒绝。瞿式耜切断了郝摇旗部的粮草,郝摇旗部于二月二十一日闯入桂林,大肆抢劫。

这时清军日益逼近,永历帝惊恐之间打算逃往柳州而转往南宁。瞿式耜苦苦相劝,而永历帝不听,认为瞿式耜不过是想让他殉社稷而已。于是,永历帝逃走,只剩下瞿式耜坚守桂林。

三月初一日,瞿式耜、何腾蛟至桂林,焦琏、胡一青率军与之会合,南明军势稍稍振作起来。二十二日,清军以为桂林空虚,集中重兵进攻。何腾蛟、焦琏、胡一青三面出击,大败清军,追杀三十里,在榕江整军列营。

南明监国鲁王以钱肃乐为大学士。钱肃乐直陈郑彩的恶行,遭到郑彩忌恨,权力被架空,终日无所事事,于顺治五年(1648年)忧愤而死。

后来,永历帝逃到南宁,在逃难过程中颠沛流离,从者逐渐离散,一同至南宁的只剩下严起恒、马吉翔等七人。

六月,永历帝离开南宁前往广东,于十一日抵达浔州(在今广西桂平市)。当地守将陈邦傅以永历帝为奇货,不肯放行,永历帝被迫封陈邦傅为庆国公。陈邦傅要求坚守浔州,但由于何腾蛟、瞿式耜、朱天麟及镇将曹志建等人的反对而作罢。于是,陈邦傅怀恨在心,侮辱朝臣,逼死兵部尚书萧琦,杀害户部主事王诸等。

李成栋派遣使者,打算迎接永历帝前往广州,陈邦傅则请求永历帝留驻浔州。瞿式耜担心李成栋可能会挟持皇帝以自专政事,因此请求永历帝驻桂林,以等待机会图谋恢复湖广。

几经交涉之后,永历帝决定回驻肇庆。自浔州启程,于七月初一日抵达梧州。八月,李成栋率军二十万北上南雄,所到之处,肆意杀掠百姓,遇有乡民结寨自保的,就将其攻破屠杀。

八月,永历帝驻扎肇庆,有传言吴三桂密奏拥戴明朝。于是,朝中大臣都认为中兴有望而日益懈怠,借着考选考贡的名义日夜受贿。诸臣又各自树立党派。追随李成栋的袁彭年、曹煜等,自以为反清归明功高,气势凌人。

从广西追随永历帝的有严起恒、朱天麟等,自以为是老资格的永历旧臣,诋毁排斥反清归明的其他诸臣,日子长了之后,朝臣又分化为吴党、楚党。吴党成员有朱天麟、堵胤锡等,内结马吉翔,外结陈邦傅;楚党成员有袁彭年、

刘湘客等,外结瞿式耜,内结李元胤。

李元胤握有政柄,袁彭年、刘湘客、给事中丁时魁、蒙正发、金堡等以之为靠山,时人将他们称为"五虎"。永历帝也知道朝臣之间势同水火,命令他们在太庙盟誓团结,然而朝臣门户之见太深,一时之间无法化解矛盾。

十月二十六日,李成栋率军十余万于薄暮时分抵达赣州城下。将士饥饿疲劳,营房尚未立好,五更时便听到城上三次呼喊"董大哥"。所谓"董大哥"就是李成栋的中军董大成。清军鼓角齐鸣,打开城门突击南明军队。李成栋在梦中惊醒,怀疑中军已经投降,于是骑马率先逃走,各营军队都争相溃逃。

在江南地区的反清斗争陷入低谷、清政府统治日益巩固之后,悲痛于复国希望渺茫的顾炎武开始思考今后的出路。他的眼光不再局限于江南,而是投向了中原。

顾炎武的志愿都与农耕联系在一起,显然与明朝晚期旷日持久的粮食危机和饥荒有关。他希望发展中原的粮食生产,以实现"畎浍遍中原,粒食诒百姓"(畎浍,指田间水沟)的愿景。

顾炎武的思想和行动重心,开始逐渐由反清复明向经世济民的天下之志转移。同时,他也没有放弃恢复故国河山的信念和渴望,只不过把它放在了不确定的遥远的"待后王"再起的未来。

到了镇江后,顾炎武作了《京口(二首)》诗,其中一首如下:

> 东吴北翼战争远,天府神州百二关。
> 末代弃江因靖卤,当年开土是中山。
> 云浮鹳鹤春空远,水拥蛟龙夜月闲。
> 相对新亭无限泪,几时重得破愁颜!

表达了他悲哀的亡国之痛,也说明了此时炽热的复国之念已渐渐平息,志在天下苍生的经世济民之念正在悲痛中悄悄浮上了心头。

书生转身做商贾

顺治七年(1650年)正月五日,顾炎武之妾韩氏生下一个儿子,小名诒元,顾炎武此时开始在太湖山区游历。

起初,顾炎武不剃发、不改装,隐蔽在乡民中读书,同时与当地的反清力量联系。但是,由于许多地主与清军勾结起来,不断镇压江南一带的抗清力量,随着清政权的势力日益扩大,抗清义军的处境也越来越艰难。

顾炎武在各地奔走,呼吁抗清,冒了很大的风险。那么,该怎样来隐蔽自己呢?他思忖很久,决定改变自己的装束,扮成一个商人。为了安全起见,便稍稍剪了些头发,因为蓄发实在是太冒险了——有些奸佞小人,看见没有剃发的人,为了一点点赏钱就向官府告密,被捉拿到便要

砍头。顾炎武曾在《流转》诗中写道:

……………

晨上北固楼,慨然涕如雨。
稍稍去鬓毛,改容作商贾。
却念五年来,守此良辛苦。
畏途穷水陆,仇雠在门户。
故乡不可宿,飘然去其宇。
往往历关梁,又不避城府。

……………

"畏途穷水陆,仇雠在门户"二句,写出了当时顾炎武所处的危险境地:可怕的大路上,杀人的事时有发生,只好在偏僻的湖水边行走,而危险随时都在身边。因为顾炎武积极抗清,他家乡的仇人就曾密告官府,想置他于死地,所以顾炎武说:"故乡不可宿,飘然去其宇。"

在淮安有两位著名的抗清志士,一位叫阎尔梅,一位叫万寿祺,他们二人都参加了抗清的武装斗争。万寿祺在江南的武装斗争失败后,宁可削发为僧,也不愿剃去前额的头发而留一条象征民族耻辱的大辫子。这年春天当他在南京见到顾炎武时,顾炎武竟然"割发变容像""抱布为商贾"了,这使万寿祺大惑不解。

经夏复立秋,顾炎武又抱着从常熟唐市贩来的布匹,到淮上与万寿祺相见,更令万寿祺觉得不可思议的是,顾炎武竟"与监门屠狗者为伍"、结交下层社会的豪侠之士。

经过一番交谈,万寿祺心中的疑惑方才豁然开朗。原来,顾炎武所做的这一切,都是不得已而为之的掩护,都是为了"反清复明"的大业。

顾炎武虽然剃了头发,但是无损于他抗清复明的大志大节。为了躲避仇怨,他只好离开家乡,打扮成商贩,奔走往来于长江中下游、江浙沿海、太湖洞庭山等地区。

他在离开家乡时,身上就带着一些钱以备不时之需,也正好可以作为经商的资本。他脱下读书人的衣冠,以"顺民"的身份混迹于佣贩之中,出没于水陆码头,果然没有人将他识破。

顾炎武前往镇江和金陵,登临金山、焦山和钟山,又北上淮安,往返于清江浦、王家营之间。然后返回太湖东山,又察看了浙江沿海。他悄然关注着局势的变化,心里十分焦灼,却不露声色。有好几次,他途经昆山,很想回家看看,但是顷刻间就打消了念头。一是怕耽误时间,二是不愿勾起内心的悲伤。

书生当商贾,实在不容易。顾炎武在浪迹江湖时,常常会遇到麻烦。比如睡觉的草席被人偷走了,随身带的钱被人抢去了,弄得他很狼狈。但是他明白,比起远大的理想,这些小事又何足挂齿呢?

有一段时间,顾炎武只能饿着肚子跋山涉水,晚上就蜷缩在草堆里过上一夜。每逢断了粮食,只能煮一点豆叶充饥时,他就想起了嗣祖父说的一番话:"以后你要是能吃上这东西,就算是幸运的了!"这番话不幸言中了。想必当时嗣祖父说这番话的时候,是经过了深思熟虑的啊!没想到这一天这么快就来临了。

顾炎武忍辱负重地活了下来。"浩然思中原,誓言向江浒",表明了他胸怀天下、志在为万世开太平的远大信念。

顾炎武在遭受迫害、食不果腹的时候,考虑的并不是如何复仇,他绝没有沉溺于个人的愤恨和报复之心中,而是仍然胸怀天下苍生,悲悯于世间艰难,充分体现了一代大儒的济世情怀。

顺治八年(1651年)二月,南明定西侯张名振击杀了平西伯王朝先,于是,王朝先部将张济明投降了清政府。如此一来,舟山军务虚实全数泄露于清政府,清总督陈锦决定进军舟山。

后来清军在舟山击败南明军队,鲁王妃和大学士张肯堂等都自杀了,张名振奉鲁王亡命于海上。接着,孙可望派遣部将贺九仪等率军五千至南宁,迎接永历帝,并上书不称臣,而以合师北拒为名。贺九仪杀害了严起恒、杨鼎和、刘尧珍、吴霖、张载述等人,永历帝被迫晋封孙可望为秦王。

陈邦傅诱杀焦琏,率领所部投降了清政府,接着带领清军攻取广东清远,永历帝闻讯后从南宁出逃。孙可望曾经请求永历帝前往贵阳,但是朝臣反对。在南宁危机的时候,群臣议论纷纷,有的建议前往海滨依从李元胤,有的建议进入安南(今越南)避难,有的建议转移海上依附郑成功,有的仍然主张赶赴贵阳。

众说纷纭尚未决断时,浔州已被清军攻破。永历帝仓皇出逃,于十一月抵达湖广新宁(今湖南新宁)。清军南下进取南宁,赵印选、胡一青溃败逃走。永历帝从水路抵达濑湍(今广西崇左市江州区濑湍镇),得知清军逼近,距离仅余百里,群情惊恐,随从官员大多四散而去,永历帝弃舟登陆,由大西军三千人迎入云南界内。

这年春天,顾炎武到了南京,初次拜谒了明太祖的孝陵。当天因下大雨,他就在门外跪拜而去。明孝陵位于南京东郊紫金山南的玩珠峰下,背靠钟山,南临平原和前湖,明朝开国皇帝、太祖朱元璋于洪武三十一年(1398 年)驾崩,葬于此陵。

在明代,孝陵是禁区,从中山门起,经卫桥、卫岗、灵谷寺,直至孝陵卫,并且在孝陵的北面和西面都修筑有高大巍峨的皇墙,长达四十五里。

顾炎武为此作《恭谒孝陵》诗,诗中描写了孝陵雄姿"江水萦丹阙,钟山拥紫宸"。他又感叹自己六年来的患难生涯:"干戈逾六载,雨露接三春。患难形容改,艰危胆气真。"

顾炎武后来又六谒孝陵,并六谒天寿山。在他眼中,明代皇陵寄托着他对故国河山和故君的无限怀念。他中年北游后,父母之墓已经几十年不曾祭扫,妻子病逝也只是临风一哭,却时时不忘拜谒明陵,可见他是多么怀念大明朝啊!

不仅顾炎武,明朝遗民大都有谒陵或哭陵的经历。顾炎武的友人屈大均在拜谒明孝陵时,遇到驻防清兵砍斫陵殿木柱,于是给钱请求不要破坏。对死于社稷的崇祯帝,遗民们的怀念之情也经久不息。

山河已经沦于异族,抗清斗争陷入低谷,复国的希望越来越渺茫,顾炎武的心情因此极为悲伤。

在旧都的秘密活动

在江南人民的抗清斗争失败以后,幸存的抗清义士为了逃避清军的搜捕,就与坚守民族气节的士绅相结合,以吴江县(今江苏苏州市吴江区)唐湖北面水涯有"烟水竹木之盛"的古风庄为据点,成立了反清复明的"惊隐诗社"。

惊隐诗社于顺治七年(1650年)成立,创始者为叶继武、吴振远等人,参加者有名姓可考者达数十人,分别来自苏州、无锡、昆山、杭州、嘉兴、湖州、吴江等地。顾炎武和他的好友归庄、吴炎、潘柽章、陈济生,都是惊隐诗社的主要成员。

惊隐诗社每年都有几次重要的活动:五月五日祭祀

三闾大夫屈原；九月九日祭祀陶渊明；除夕祭祀林君复、郑所南。顾炎武虽然常年奔走在外，但也多次去吴江参加惊隐诗社的活动。

顾炎武生平事迹中的谜团很多："混迹同佣贩，甘心变姓名"是一个谜；在南明军队活动频繁的钟山，奔走于南明、镇江、太仓之间又是一个谜。

顺治九年（1652年），顾炎武曾到陈文庄公祠祭奠。陈文庄公，即陈仁锡，是顾炎武姐夫陈济生的父亲。据《明史·列传第一百七十六·文苑四》记载：陈仁锡，字明卿，长洲（今属江苏苏州）人……仁锡年十九，举万历二十五年（1597年）乡试。陈仁锡听说武进县（今江苏常州市武进区）的钱一本精通《周易》，便前往拜师，得其指教。他后来科举屡试不第，于是更加潜心于研究经史之学，多有论著。明熹宗天启二年（1622年），陈仁锡以殿试第三名被授予翰林编修。

顾炎武还与族兄顾存愉到吴县横山叩拜了顾野王墓。南朝时期的著名学者顾野王，是顾炎武的远祖，字希冯。顾野王七岁知晓"五经"大旨，九岁能作文，十岁便随父亲前往建安,作有《建安地记》。顾野王长大后,遍观经史,精记默识,天文、地理、蓍龟、占候、虫篆等无所不通,又擅长绘画,时人称绝。"侯景之乱"爆发后,顾野王回到本郡,招募乡党,随义军救援都城。顾野王身体一直就比较弱,又居丧刚过,不胜哀伤,把身体都毁了。等到披甲上阵,慷慨陈述君臣大义、逆顺之理时,时人无不感叹他的悲壮。顾炎武赋诗《同族兄存愉拜黄门公墓》,以表达对远祖的怀念之情:

古墓横山下,遗文郡志中。

才名留史传,谱系出先公。

岁月千年邈,郊坰百战空。

立松标旧甓,偃石护幽宫。

地自豪家夺,碑因贵客砻。

贤兄能发愤,陈迹遂昭融。

念昔遭离乱,于今事略同。

登车悲出走,雪涕问临戎。

述记名山业,提戈国士风。

荒祠亡血食，汗简续孤忠。

山势仍吴镇，溪流与越通。

眷言怀往烈，感慨意无穷。

出游到苏州虎丘，顾炎武与路泽溥相遇。路泽溥是路振飞之子。在南京沦陷时，路振飞率领家丁寓居于洞庭山。隆武帝在福建初立时，就曾躲藏在路振飞家，隆武帝还授予路振飞都察院左都御史的官职。路振飞领命进入福建，三子泽浓随行，长子泽溥、次子泽淳在太湖洞庭山居住，以侍奉母亲。

清顺治十年（1653年）三月，南明军队进行北伐，南明定西侯张名振，与郑成功联合，从海上进入长江口，溯流而上，一举攻克了江南重镇镇江。顾炎武目睹了南明十万水军溯江西上的巨大声威，为之欢欣鼓舞，并在镇江作《金山》诗一首：

东风吹江水，一夕向西流。

金山忽动摇，塔铃语不休。

水军一十万，虎啸临皇州。

巨舰作大营，飞橹为前茅。

黄旗亘长江，战鼓出中洲。

举火蒜山旁，鸣角东龙湫。

故侯张子房，手运丈八矛。

登高瞩山陵，赋诗令人愁。

沉吟十年馀，不见旌旆浮。

忽闻王旅来，先声动燕幽。

阖庐用子胥，鄢郢不足收。

祖生奋击楫，肯效南冠囚？

愿言告同袍，乘时莫淹留。

从诗的最后两句"愿言告同袍,乘时莫淹留"来看,这首诗不仅仅是抒发个人情感的作品,倒很像是给联军主帅的进言,主张乘胜进击,切莫迟缓。

本年,张名振、张煌言又再次挥师北伐,在崇明岛大败清军。这时,顾炎武奔走于南京、镇江、太仓之间,这些地区正是南明军队与清军作战的主战场。

顾炎武再次拜谒了明孝陵,并赋诗《再谒孝陵》。在

091

南京逗留期间,他与朱四辅相遇。据康熙《宝应县志》记载,朱四辅,字监纪,少禀异才,博览群书,熟悉经济之学,胸怀济世之志。

朱四辅与顾炎武是多年老友,清军下江南时,他们都参与了当时的抗清斗争。抗清失败后,朱四辅远游四方,曾到达广州、桂林,曾为顾炎武带来过两广地区抗清斗争的消息。顾炎武就赋诗《赠朱监纪四辅》,回首往昔的烽火岁月,感慨万千:

> 十载江南事已非,与君辛苦各生归。
>
> 愁看京口三军溃,痛说扬州七日围。
>
> 碧血未消今战垒,白头相见旧征衣。
>
> 东京朱祜年犹少,莫向尊前叹式微。

朱四辅向顾炎武展示游历广东时所写的诗,其中《韶州道中》写道:

> 好山无数逐人来,紫翠千重面面开。
>
> 树下有蹊皆鹿迹,岩间不雨自莓苔。

萝生断壁垂还上，水作惊湍去复回。

独惜征帆容易过，无由系缆一徘徊。

于是，顾炎武赋诗《监纪示游粤诗》作答：

知君前自广州来，泷水孤云万壑哀。

两路攻虔皆不下，一军守岭竟空回。

同时金李多骁将，遗事江山只战台。

独有临风憔悴客，新诗吟罢更徘徊。

顺治十一年（1654 年）正月，张名振、张煌言又率领水师溯江而上，入京口，登金山，遥祭明孝陵。这次明军北伐，一直打到南京的观音门，又连克今安徽诸州县。

与此同时，顾炎武在南京觅得一处居所，在钟山之南，所谓"典得山南半居"是也，有诗"世乱多倾危，筑室深山中"（《古隐士》）为证。顾炎武暂居钟山后，友人戴耘野来访，作有《赠顾宁人》诗一首，末两句云：

日晦不妨居庑下，海天相讯有吾徒。

"海天相讯"四字很值得玩味,联系到数年前顾炎武被隆武帝寄予厚望时写下的"身留绝塞援枹伍"的诗句,也就不难理解顾炎武这一时期奔走于大江南北所承担的使命了。

但是,无论是穷凶极恶的清政府,还是江南的汉奸败类和社会邪恶势力,都不肯轻易放过顾炎武。在南明军北伐遭遇挫折回师海上以后,江南的汉奸地主等邪恶势力又嚣张了起来。一个"兴大狱,除顾氏"的阴谋,正在昆山的汉奸恶霸地主叶方恒和顾家的恶奴之间悄悄地酝酿着。

第三章 | 反清复明

怒杀恶家仆而入狱

因为顾炎武家里屡遭劫难,自己又要为国事奔走,所以他一直没有精力经营祖传田产,便把田产押给了豪绅叶方恒。顾家原来在千墩有八百多亩田产,早先曾经向叶方恒借了点钱,一时还不了,只能押下田产。没想到,这次押田产却引出一场大官司。

叶方恒在明代崇祯十五年(1642年)考中举人,在清军入关后他投靠了清政府,考中进士并获得一些官职,可谓门庭显赫,有财有势。起初,叶方恒一口答应以米作价来买下顾家的田产,可是老拖延着不肯给钱。顾炎武向他讨要了几年,叶家才勉强给了一点。看样子,叶方恒想要侵吞顾家的田产。

顾炎武觉察到了这一点,他再三思忖,决定赎回田产。谁知叶方恒不死不活地拖延着,没有一个明确答复。几经交涉,都没有结果。

让人意想不到的是,叶方恒用重金买通了顾炎武家的仆人陆恩。陆恩多年来一直在顾家当仆人,顾家上下待他不薄。谁知陆恩见顾家家道衰落,就生出了改换门庭的念头。叶方恒和陆恩勾结起来,准备告发顾炎武"通海"。所谓"通海",就是与东南沿海的抗清力量郑成功有联系。

郑成功是大明朝灭亡后主要的一支反清复明力量。1661年,郑成功东征收复了被荷兰殖民者占领的台湾,他在台湾建立了历史上第一个汉人政权,第一次在台湾建立了中国人的行政机构。1662—1683年,称为台湾明郑时期,是由奉大明正朔的延平王郑成功建立的郑氏政权,共历五王,前后二十二年。

郑成功以金门、厦门为根据地,在东南沿海一带发动广大渔民、农民和手工业者,组成了一支声势浩大的抗清队伍,活跃在闽粤江浙等地,成为清政府的心腹大患。在

第三章 反清复明

苏州和昆山一带的抗清浪潮逐渐平息后,"通海"便成为当时最大的一桩罪名。

顾炎武非常气愤,他没有想到,自己的家奴陆恩居然这么歹毒。陆恩知晓顾炎武化装成商人,来往于淮海与运河之间,参加太湖地区的反清斗争等事情。如果陆恩与叶方恒勾结,告发顾炎武"通海",那就是要置顾炎武于死地啊!

顾炎武紧蹙眉头,左右盘算。一旦陆恩与叶方恒的告发得逞,自己的身家性命也许就完了。他也想到了"三十六计,走为上策"。但是,如果他悄悄地逃跑了,就不仅承认了陆恩与叶方恒的告发是有根据的,也恰恰正中了叶方恒的下怀,八百亩田产就让叶方恒白白吞没了。顾炎武思前想后,唯一的办法就是先下手为强,除掉陆恩。

一天傍晚,顾炎武在家里摆宴请客人吃饭,陆恩也喜滋滋地来了。他自以为与叶方恒的私下交易,顾炎武还根本不晓得呢。没想到,酒过三巡,顾炎武一个眼色,同桌的几个人扑将过来,把陆恩擒住了。陆恩拼命挣扎,但还是被这些人按倒在地,嘴里塞进了棉絮,然后五花大绑,

痛打了一顿。为了斩草除根，顾炎武列数了陆恩投靠叶方恒以来的所作所为，将捆绑着的陆恩抬到池塘边，身上绑了石块，"扑通"一声扔到了池塘中间。

顾炎武怒杀陆恩的事很快传开了。叶方恒不罢休，立即向地方官告发顾炎武"无辜杀奴"之罪。陆恩的女婿到处为丈人的死鸣冤叫屈，但是作用并不是很大。在官府尚未受理这个案件时，叶家也迫不及待地下了手，将顾炎武绑架，并关进了私牢，打算偷偷地杀掉他。没过几天，顾炎武被押解到了松江府。

在牢房中的一个夜晚，顾炎武心潮起伏，久久不能入睡。此刻，他不由得想起了嗣母王氏，想起了自己的家族，想起了过去的一切……

就在这时，"哐当"一声，牢房的铁锁忽然被打开了，从半启的门扉闪进一个熟悉的身影，来人迫不及待地抓住他的双臂，喊道："炎武兄，你……你受苦了！"

顾炎武看到进来的竟是好友归庄，又惊又喜，忙说："是你呀！"

归庄微微颔首说："炎武兄，为了抗清，你家破人亡，受尽磨难,付出了何等的代价!你的气节,真是令人钦佩啊!"

"不,你想想,我的嗣母,一个普通的老妇,都有一腔浩然正气,把个人的生死置之度外。我年轻力壮,志在报国,还有什么畏惧的呢?"顾炎武噙着热泪,十分感慨地接着说,"天下兴亡,匹夫有责!"

归庄点点头,深有同感地重复着顾炎武的"天下兴亡,匹夫有责!"

当初昆山城被清军攻破后,归庄幸免于难,不得不落发为僧,自号"普明头陀",隐居在乡下,并饱蘸血泪写下了《悲昆山》一诗。然而,听到顾炎武被叶方恒陷害并关进私牢后,归庄再也无心诵经念佛了,立即为营救顾炎武而四处奔走。

归庄先是向钱谦益求助。钱谦益是常熟人,明万历年间进士,崇祯初年担任礼部右侍郎。清朝入主中原后,他表示愿意投降,被任命为礼部右侍郎管秘书院事,充修明史副总裁。

钱谦益说,这件事并不难办,只要顾炎武写个门生帖

子送来，就可以放人了。归庄知道，要让顾炎武自己写门生帖子，承认是钱谦益的学生，是办不到的。归庄只能代顾炎武写了一个帖子，把人救出来以后再说。

哪儿想到，顾炎武一听说这件事，认为钱谦益是没有气节的人，不愿意与他为伍，也不愿让他帮助，就执意要将门生帖子讨回来。他说："要是讨不回来，我就请人在大街上贴公告，宣布那份门生帖子不是我写的！"

不过，钱谦益表面上为清政府做事，暗地里却与郑成功等抗清势力保持着联系，秘密和他们一起抗清复明。他曾经打算迎接郑成功率领水军攻取南京，事成后随郑成功而去。可是由于郑成功在与清军作战中失利，只得占取台湾作为反清根据地，钱谦益深感恢复明室希望渺茫，于是心灰意冷。

在顾炎武入狱后，钱谦益完全有能力将顾炎武救出来，他也很想这样做。可是，听到顾炎武根本就不愿意，他只能既佩服又惋惜，感叹道："这个顾宁人也真是太倔强了，何必如此认真呢？"

钱谦益的路子走不通，归庄并不甘心，他思考再三，

提起笔写了一封言辞恳切的信劝说叶方恒,信中说:

> 顾炎武是当今天下的名士,他的诗赋为人们所喜爱。你如果这么杀害了他,难道能把他的诗文著作一起毁灭吗?从前子兰杀害了屈原,姚贾杀害了韩非,后代人每当读到《离骚》和《韩非子》,无不唾骂子兰和姚贾。你难道愿意做一个永世被人唾骂的人吗?我这么说,既出于爱他,也出于爱你,望你三思!

归庄的信,有情有理,字字句句掷地有声。叶方恒将信读了几遍,着实思考了很久。是的,他不能不考虑杀了顾炎武将会导致怎样严重的后果,看来自己的名声必然会受到影响。再这样把顾炎武关在私牢里,社会舆论也不会答应。于是,他表示不再深究。

在松江府,案子由松江太守负责处理。归庄等人据理力争,终于使松江太守明白,陆恩不是无辜之奴,而是有罪之奴,于是判处顾炎武并无"无辜杀奴"之罪。

"炎武,告诉你,"归庄说,"我已经疏通了关系,松江

府答应将你释放出狱啦！"

顾炎武显出一丝欣喜的神色，说："这么说，你是连夜来报告喜讯的？"

归庆笑而未答。

"好啊，天无绝人之路啊！"顾炎武摩拳擦掌，十分坚毅地说，"堂堂华夏决不能继续遭受蹂躏，出狱以后，我们再一道高举义旗，挽危救亡，以尽匹夫之责！"

"对，对！"归庄击掌道。

不知不觉中，东方的一抹曙光涂上了窗棂，阴暗的监房渐渐变得明亮起来。

果然，没有多久，顾炎武就出狱了。

第三章 | 反清复明

再遭仇家暗算追杀

过了不久,顾炎武又去了南京。他的曾祖父顾章志曾经担任兵部侍郎,所以在朝天宫的后面建有顾侍郎祠。顾炎武每次到南京,常常寓居于此。出狱后再次来到先祖的祠堂,他的心中悲怆而又抑郁,写下了一首《拜先曾王考木主于朝天宫后祠中》诗:

> 晋室丹杨尹,犹看古柳存。
> 山河今异域,瞻拜独曾孙。
> 雨静钟山闭,云深建业昏。
> 自怜褴褛客,拭泪到都门。

接着,顾炎武又一次凭吊了明孝陵。几乎每次上南

京,他都要拜访明皇朱元璋的孝陵。故地重游,更勾起他胸中对故国故土的无限眷恋之情。他作有《闰五月十日恭谒孝陵》诗:

…………
薄海哀思结,遗臣涕泪稠。
礼应求草野,心可对玄幽。
寥落存王事,依稀奉月游。
尚余歌颂在,长此侑春秋。

无论是凭吊曾祖父的兵部侍郎祠,还是拜访明孝陵,顾炎武含泪写下的诗文中,都寄托着遗民眷念故园的情怀。他时时不能忘却推翻清朝的统治、匡复明室,尽管这样的理想已经越来越遥不可及了。

顾炎武心里考虑的总是国家兴亡的大事,他万万没有想到,他的死对头叶方恒歹毒之心不死,尽管迫于舆论压力不敢再公开对他下毒手,暗地里却仍派人秘密盯梢,监视着他的一举一动。

有一天,顾炎武骑着毛驴正在南京城中边走边看,行至太平门外时,忽然从路边冲过来五六个人,吆喝一声:"哎,姓顾的,站住!"

顾炎武丈二和尚摸不着头脑,他来不及回头细看,已被人从驴背上拖了下来。这些人不管三七二十一,蜂拥上前,没头没脑地对他拳打脚踢。

顾炎武竭力想看清这些歹徒的相貌,但是,他们的帽檐压得低低的,难以辨认,只是从他们的穿着打扮、说话口音可以断定是昆山人。那么,这些人无疑是叶方恒派来的打手了!

顾炎武身单力薄,只有招架之功,没有还手之力。在混乱中,头部被人重重地打了一记,"嗡"的一下他跌倒在地,失去了知觉。

不知道过了多长时间,在昏昏沉沉、头疼欲裂中,顾炎武终于睁开了眼睛。幸亏路上有好心人,将伤痕累累的顾炎武救起,并给他喂了一些汤水,否则,他很可能就一命呜呼了。

回到住地,顾炎武才发现,自己的住所早已被人夺门而入,翻箱倒柜,洗劫一空了。不用说,这也是叶方恒指使

手下干的,他们是欲置人于死地而后快啊!

顾炎武明白,南京已不是久留之地,应该尽快离开。自己孤身一人,远远不是叶方恒之流的对手。何况自己在明处,叶方恒他们却在暗处,防不胜防。

顾炎武想,死一个顾炎武并不要紧,但是要做的学问还只做了一半,好端端的事业毁在这种末流鼠辈手中,未免太冤枉。既然不愿与他们纠缠不清,不如躲避,才是明智之举。

顾炎武丢不开自己的学问,丢不开正在编纂中的《日知录》和《天下郡国利病书》。为了防备叶方恒之流的暗害,安安心心地做学问,他决定远走高飞,去一个清静的地方。

第四章 北游生涯

启程北游

清顺治十四年(1657年)冬天,四十五岁的顾炎武开始了他的北游生涯。这一年的秋天,他变卖了家产,拜谒过明孝陵后,又回昆山告别了亲友,即将只身弃家北上。

顾炎武在启程前便清楚地意识到,自己的下半辈子将要与驴马为伴,背起沉重的书箧,走遍整个北中国。什么时候能够回到江南水乡的故土呢?答案是遥遥无期。中年离开家乡,去往陌生的北方,以实践自己的志向,并不是一件容易的事。但是,既然决心已定,便一往无前。

顾炎武将山东作为自己"行千里路,读万卷书"的第一站。临行前,许多亲朋好友闻讯赶来,为他饯行。一天,归庄备办了一桌酒席,当时的昆山正是严寒季节,冰冻大

地,一杯杯薄酒,一句句话别之言,让在座的每一个人都百感交集、热泪盈眶。

对于顾炎武的举动,人们或表示赞赏,或表示钦佩,或以各种方式表示支持。但是,也有人望着顾炎武疲惫而瘦削的脸,感到一种难以言表的忧虑。

此情此景,让人想起当年燕太子丹在易水边送别荆轲,高渐离击筑,慷慨起歌:

风萧萧兮易水寒,壮士一去兮不复还。

这时,在座的不知是谁吟唱了这两句诗。荆轲刺秦王,身负重任,一去永不回;顾炎武为仇家所逼,在家乡无立足之地,即将远游,做异乡游子而不得归。

好友归庄为人豪爽,在痛饮三杯后,起身朗诵了他写的《送顾宁人北游序》:

……今日登涉名山大川,历传列国,以广其志而大其声施。焉知今日困厄、非宁人行道于天下之发轫乎?若曰怨仇是寻,非贤人之志;别离是念,非良友之情。"

归庄读完,脸颊泛红,眼角已是泪光闪烁。

顾炎武也痛饮一杯。他清楚,此次北游,说到底是为了探讨学问、考察山川、了解民情,更好地著书立说。他果断地变卖了田产,既是表明自己破釜沉舟的决心,也是免得叶方恒之流节外生枝。自然,这一次出去的日子不会短,也需要盘缠。

望着朋友们关切的神情,顾炎武心中生出无限感慨:此时作别,踏上漫漫旅程,何时能随南归的大雁飞回故土,与朋友们欢聚一堂呢?

顾炎武回想少年时代,嗣祖父常常教育自己,要踏踏实实地做学问。嗣祖父常常说:"那些与国计民生有关的天文、地理、兵农、水土,以及一代兴革之故,才是我们应该认真研读的啊!"

顾炎武明白,嗣祖父的话,对自己在读书做学问中确定"经世致用"的信念,产生了极其重要的作用。现在,正是为了经世致用,他将开始新的人生旅程。

第二天清晨,顾炎武早早起床,将装满书籍的竹箧挂上驴背,向前来送行的亲朋好友一一作揖告别。此时正是隆冬时节,树木凋零,野草萎黄,铅灰色的云层低垂在空中,凛冽的西北风呼啸着,如刀子一般锋利地割着人的肌肤。可这片故乡的土地,却是那样使人留恋。

顾炎武的怀里,珍藏着一篇《为顾宁人征天下书籍启》:

> 昔司马子长遍游四方乃成《史记》,范文正公自秀才时以天下为己任,若宁人者,其殆兼之。今且北学于中国,而同方之士知宁人者,敬为先之以言。冀当世大人先生,观宁人之文以察其志,而助之闻见以成其书……

文末署有友人杨彝、万寿祺、归庄、潘柽章、吴炎、王锡阐、戴笠、吴任臣等二十余人的名字。这实际上是江南的读书人写给沿途各界人士的信函。信中记叙了顾炎武的家庭出身、治学功力,以及他这次出游的目的,希望沿途各界人士尽可能地提供各种方便,使他免遭麻烦,以完成北游的使命。这封私人介绍信,后来给顾炎武帮了很大的忙,使他能够有机会阅读孤本秘籍,便于钻研学问。

此刻,尽管田埂边还存留着残雪,空荡荡的路上行人都缩肩弓背,可是顾炎武的胸中却涌动着一股暖意。他作有《酬王处士九日见怀之作》诗:

是日惊秋老,相望各一涯。

离杯销浊酒,愁眼见黄花。

天地存肝胆,江山阅鬓华。

多蒙千里讯,逐客已无家。

他吟诵着自己的诗句,开始了漂泊无定的下半生。

顾炎武传

落脚山东

清顺治十五年（1658年）春天，顾炎武进入山东境内后，先是到了莱州，又到了即墨，再经过青州、济南，来到了泰安。这时，仰慕已久的泰山出现在他面前。

泰山，突兀于华北平原以东，凌驾于齐鲁丘陵之上，形成了拔地通天之势。它主峰高耸入云，群峰偃伏环卫，给人以"一览众山小"的雄伟之感。

在气势磅礴的泰山脚下，顾炎武连日来奔波劳顿的疲乏立即消散了，心境也顿时旷达起来。安顿好食宿，他便迫不及待地前去瞻仰岱庙。岱庙，是历代供奉泰山山神、举行祭祀大典的地方。

顾炎武想，历代的开国之君、盛世之主，都要到泰山

第四章 北游生涯

来举行盛况空前的封禅祭天仪式,那种恢宏的场面非亲历不能想象。这岱庙,正是国家强盛、社会安宁的象征。可眼下,人们已经难以指望见到旌旗蔽日的盛况了,简直令人扼腕!

从岱庙的厚载门登上城楼,向北边眺望,巍巍泰山的雄姿一览无余。正值春日晴朗,顾炎武虽然眼力不太好,也依稀看见了天梯高悬的南天门。

第二天清早,在熹微的晨光中,顾炎武从岱宗坊入口,沿着蹬道开始向泰山极顶攀登。一路前行,出斗田宫,过高老桥,不久就见到了泰山刻石奇观——经石峪。

经石峪就在一片几亩大的石坪上,自东北至西南,刻写着《金刚经》,每个字都有一二尺见方,历来被称为"大字鼻祖,榜书之宗"。书法兼篆、隶、楷、行、草各种笔意,体势开张宏阔、丰润浑厚。

顾炎武知道,这经石峪是世间写经最大的石刻,相传为北齐人所书,虽经风雨剥蚀,仍然保存至今,确实是难得的瑰宝。他一边浏览山间景色,一边拾级而上,很快来到了五松亭。这座亭子,以五大夫松而得名。

顾炎武传

据说,当年秦始皇东巡来到泰山,在泰山树石碑,筑祭坛,举行了祭祀大典以后,迤逦下山。谁知在半路上遇到了狂风大雨。眼看一行人要被雨水湿透,一抬头发现了五株枝叶茂盛的大松树。松树展开伞盖似的树冠,为秦始皇遮挡了风雨。因为松树护驾有功,秦始皇封了"五大夫"爵位。近两千年过去了,五松亭旁苍松连云,盖世雄才秦始皇何在呢?唐宗宋祖又何在呢?

进入十八盘,愈加觉得泰山雄险。蹬道沿着石壁步步延伸,盘旋而上。两侧峭岩壁立,空间狭窄。在陡立的坡道上,顾炎武不得不手脚并用,勉励着自己一鼓作气,向上攀缘。从升仙坊到南天门,他几乎没有歇息,终于登上了泰山的最高峰。

这时已是傍晚时分。夕阳金红色的光辉透过云层,四处散射,远远近近墨绿色的群山尽收眼底,令人心胸豁然开朗。顾炎武情不自禁地吟诵起了杜甫的《望岳》诗:

岱宗夫如何?齐鲁青未了。

造化钟神秀,阴阳割昏晓。

荡胸生层云,决眦入归鸟。

会当凌绝顶,一览众山小。

这是多么美妙的诗句啊!不仅写出了泰山苍峰连绵的雄伟气势,诗人的惊讶、激动、赞叹之情也溢于言表。

昔日孔夫子有"登东山而小鲁,登泰山而小天下"的说法。这不仅仅是指居高临下,眺望气势宏伟的自然景色,也是指人所具有的宏阔心胸。只有博览群书,掌握了足够丰富的学问以后,人才能产生勇攀绝顶、俯视一切的雄心和气概,才能有所作为。

当年杜甫来到山麓,已是黄昏时分,只得找地方投宿,第二天再登山览胜。如今,顾炎武在山上找旅店投宿,却是为了第二天凌晨能看到辉煌的日出。

没有想到,当顾炎武起了个大早,来到日观峰时,一团团的浓雾铺天盖地向泰山卷来,遮蔽了一切。直到天色大亮,雾气还没有退散。

顾炎武和许多游客一起,扫兴地离开日观峰,来到无字碑前。这时,有许多游客正在喊喊喳喳地议论,说它是

秦代的碑。顾炎武闻声走上前去,说:

> 这一块无字碑,人们都以为它是秦始皇所立,其实并不对。秦碑在玉女池边,碑上刻有李斯的篆字,高度不过五尺。那块碑上已经写了秦始皇的诏书,这里就不会再立一块碑。《史记》中记载,秦始皇登临泰山,刻立石碑,秦石有文字之证;汉武帝封祭泰山,只说立石,而不言刻石,汉石无文字之证……

尽管顾炎武是第一次来到泰山,但是关于泰山的典籍已读了很多,且能融会贯通。他做出这样的解释,游客们都很信服。

站在玉皇顶上,顾炎武遥望着南天。古人有"秦观者望见长安,吴观者望见会稽"的说法,作为一个游子,他不能不思念远在千里之外的故土。

家乡的草木山水、亲人容颜,仿佛都一下子浮现在顾炎武的眼前。越是远离江南,对故土的依恋之情越是强烈。他想起了嗣祖父、嗣母王氏,想起了好友归庄和其他朋友,想起了离家几个月来的日日夜夜……不知怎么的,他的视线模糊了。

顾炎武拂袖拭去泪水,取出随身携带的纸笔,立即挥笔疾书《登岱》一首:

> 尼父道不行,喟然念泰山。
>
> 空垂六经文,不睹西周年。
>
> 七十二君代,乃有封禅坛。
>
> 书传多荒忽,谁能信其然?
>
> 既尝小天下,复观邃古前。
>
> 羲黄与尧舜,荡灭同云烟。
>
> 社首卑附地,徂徕高摩天。
>
> 下视大海旁,神州自相连。
>
> 天地有变亏,何人得升仙?
>
> 遗弓名乌号,桥山葬衣冠。
>
> 末世久浇讹,孰探幽明原!
>
> 三万六千年,山崩黄河干。
>
> 立石既已刓,封松既已残。
>
> 太阳不东升,长夜何漫漫!

哀哉一颜渊,独立瞻吴门。

疲精不肯休,计画无崖垠。

复有孟子舆,眷眷明堂言。

庶几大道还,民质如初元。

上采黄金成,下塞宣房湍。

何时一见之,太息徒潺湲。

就在前几天,顾炎武在即墨东南游历了劳山(后来也被称为崂山),写下了长诗《劳山歌》。在赞美劳山的壮丽和神秘的同时,也为富庶的古齐国变得满目蒿蓬而深深感慨。此刻,在泰山极顶写下的这首《登岱》,诗风雄健沉厚,又饱含忧虑,叫人读后黯然神伤。

是的,顾炎武的内心潜藏着无法排解的矛盾。这些年来,他为了抗击清军、匡复明室而不懈努力,为此付出了沉重的代价,然而事态的发展并不如他的意愿——清政府的统治、军事扩张不断得到稳固。这让他感到深深的痛苦。

幸而顾炎武还有《天下郡国利病书》《肇域志》,还有许多志趣相投的朋友,给他无限慰藉。他明白,自己告别故乡,进入山东,便开始了"行千里路,读万卷书"的学者生涯。对于学者而言,还有什么比学问、著作更重要的呢?

另外,期望匡复明室的顾炎武,对晚明政权的痼疾也有透彻的了解。如何揭露这些积弊,以昭示后人,并以此作为全部学问的要旨,也常使顾炎武"心结而不解兮,思蹇产而不释"。

顾炎武传

集中精力著书立说

顺治十五年(1658年)秋天,顾炎武从江南来到北方已经一年多了。四十六岁的他,写下了一首《永平》诗(永平府,明清时期河北东部一府名):

流落天涯意自如,孤踪终与世情疏。
冯驩元不曾弹铗,关令安能强著书!
榆塞晚花重发后,滦河秋雁独飞初。
从兹一览神州去,万里徜徉兴有余。

在颠沛流离的生活中,他庆幸自己远离了俗世的干扰,虽然清贫,但是心情却坦然自在了。

清军入关初期,大多数读书人采取了对立、反抗的态度。但是,由于他们不能与抗清主力农民军相结合,反抗是软弱无力的。也有一些人在清政府软硬兼施的高压政策下,无奈地改变了立场,有的出来求取功名,有的甚至屈膝为官。对此,顾炎武十分痛恨。在这首《永平》诗中,他借用了冯驩、老子这两个典故,表示自己并不愿像冯驩那样,因为食无鱼、出无车而弹铗作歌想归去;又不愿像老子那样,为了出关而接受关令的指令写书。他决心就这样在神州大地四处漂泊,走遍万里山川。他崇敬的是伯夷、叔齐。他认为,伯夷、叔齐宁肯饿死而不食周粟,可以成为百世之师表。后来,在顾炎武六十八岁的时候,他又一次登临华山,想起伯夷、叔齐采薇的故事,写下了"昨过河东望首阳,空山烟霭尚苍苍"(《友人来坐中口占二绝》)的诗句,以表达崇敬之情。

然而,在严峻的现实面前,顾炎武的心中时有彷徨。顾炎武毕竟与伯夷、叔齐有所不同。他曾经参加过抗清斗争,但最后还是"稍稍去鬓毛",不能不按照清政府的规定剃发易服。他虽然公开宣布不仕清政府,但与清政府的许多地方官却有密切联系。他虽然拒修《明史》,但还

是与有关编纂人员有很多交往，向他们提供资料并提出了宝贵意见。

顾炎武把历史上的忠臣义士作为自己的楷模，坚决不仕二朝，然而，随着时间的推移，他对清政权的态度并非一成不变，而是产生了很大的灵活性。

清政权在建立初期，穷兵黩武，野蛮屠杀无辜。但是，到了后来，尤其是康熙年间，雄才大略的康熙皇帝制定了一系列比较切合时宜的政策，缓和了民族矛盾、阶级矛盾，使社会经济逐步得到了恢复，开创了大一统的政治局面，百姓的生活也日趋安定了。

在这种情况下，顾炎武终于明白，抗清复国的理想已经无法实现了，不由得发出了"孤灯照遗经，雪深坐空馆"（《岁暮》）的感慨。昔日的朋友，一个个离自己而去，让他心头颇有些凄凉。他只能勉励自己，在争名逐利的环境里，坚持操守，集中精力著书立说。

顾炎武在给朋友的书信中一再说明，他所著的《日知录》《音学五书》等，不是为当时所用，而是为了将来的王者治国平天下所用的。他试图通过对经学、历史、典章制度的研究,探索出切实可行的治国安邦的制度和措施,他深信"远路不须愁日暮,老年终自望河清"(《五十初度时在昌平》)。他胸中的希望之火,始终没有熄灭。

顾炎武传

马背书馆

每到一地,顾炎武就忙着走访地方名士,寻找书刊资料,在灯下细细阅读。一年之中,他差不多有半年住在旅店里。有时顾不上吃饭,就用几文钱买几块烧饼充饥。有时没有钱买马雇仆人,就自己背着装满书籍的行箧,跋山涉水。他在晚年写了《岁暮(二首)》诗,记叙了这一段生活的感受:

其 一

平生慕古人,立志固难满。

自觉分寸长,用之终已短。

良友益零落,凄凄独无伴。

流离三十年，苟且图饱暖。

壮岁尚无闻，及今益樗散。

治蜀想武侯，匡周叹微管。

愿一整颓风，俗人谓迂缓。

孤灯照遗经，雪深坐空馆。

其 二

一岁倏道尽，我行复何如？

何为穷巷中，悄然日闲居。

未敢听轮扁，且读堂上书。

糟粕虽已陈，致治良有余。

典谟化刀笔，衣冠等猿狙。

孰令六代后，一变贞观初？

四海皆农桑，弦歌遍井间。

我亦返山中，耦耕伴长沮。

即使在艰苦和清贫中，顾炎武也从未动摇过自己的意志，总是孜孜以求地博采广闻，探寻经世致用的学问。

他把自己做学问的方法比作"采铜于山"。对于做学问，他有两种完全不同的方法：

一种是"采铜于山"，也就是博览群书、实地调查、大量收集原始资料，然后去伪存真、去芜存菁，用自己的目光加以认真选择，以形成独特的见解。

另一种方法是"废铜铸钱"，也就是抄袭别人的材料，甚至剽窃前人的学术成果，据为己有。这样做看起来容易出效果，实际上却是只铸出了废钱，又把古钱毁了。真正要做学问，是不能铸废钱的。

顾炎武的治学态度十分严谨。他不仅采集文献资料，更注重实地调查访问，把采访所得与文献资料加以对比甄别，再下结论。

顾炎武到了名山大镇，总要跳下马背，四处研究一番。发现可读的碑文，他仔细地看；认为确有价值，便一字不漏地抄录下来。如果这篇碑文是从未在书上见过的，他便抑制不住内心的兴奋，晚上甚至睡不着觉。

游历到某些关隘要冲时，顾炎武总要弄清地理上的问题，便下马向老兵退卒请教，直到弄明白为止。如果他们讲的与自己知道的有差别,就打开书本细细查对。有些时候,行走在平原荒野间,沿途没有什么文物古迹,未免寂寥,他就骑在马上,大声地朗诵前人的经史诗词,为自己壮行。

旁边的人,都很佩服顾炎武学识渊博、记忆力强。即使是一些别人认为不太重要的东西,他也记得很牢。其实,这都是他平时在马背上下功夫的结果啊!

顾炎武用骡马驮着明代十三朝《实录》和许多州郡志书,漫游各地,他就是这样"采铜于山"的。

顾炎武的这段故事被后人称为"马背书馆",一直流传着。

拜师访友,研讨学问

从顺治十五年(1658年)到十七年,顾炎武从山东至河北,出山海关至辽西,并几度到昌平谒拜十三陵。这一路考察的结果,分别纳入他的《肇域志》《天下郡国利病书》《日知录》等大型专著之中。有时写成专题小册,如《昌平山水记》《营平二州史事》《京东考古录》《山东考古录》等。

随后,顾炎武开始了中西部之行,游历了山西、河南、陕西等省的许多地方。除了亲自考察了太行、太华等名山,以及黄河、汾水、泾水、渭水等大川的自然状况以外,他把主要精力放在对西部农业、手工业、盐铁、租赋、币制等社会经济的考察方面。

顾炎武这段时间的著作大多成书于旅途之中,治学

的条件是相当艰苦的。他在书中对此有过很生动的描述:

> 比二十年间,周游天下,所至名山、巨镇、祠庙、伽蓝之迹,无不寻求。登危峰,探窈壑,扪落石,履荒榛,伐颓垣,奋朽壤,其可读者,必手自抄录,得一文为前人所未见者,辄喜而不寐。

顾炎武考古研史,考察历代田赋、税役、郡县、钱法、港运、水利、兵制、科举等利弊沿革,都贯穿着经世致用的精神。

敛华就实是顾炎武为学的最大特点;拜师访友,研讨学问,是他治学的又一特点。他在《亭林文集·与人书一》中说:

> 独学无友,则孤陋而难成。

在长期的游历生活中,他广交朋友,共同探讨学术。同学者的交游,开阔了他的学术视野,使他在经学、史学、文字音韵等方面都受益许多。

值得一提的是,顾炎武游历山东时,在济南结识了平

生最重要的朋友张尔岐。张尔岐精通"三礼",著有《仪礼郑注句读》《周易说略》等书,顾炎武对他甚为推崇,视为自己的经学老师,在其代表作《日知录》的"丧礼"和"停丧"二条中,就采纳了张尔岐的说法。张尔岐后来去世,顾炎武写诗哀悼:

从此山东问"三礼",康成家法竟谁传?

正因为顾炎武不骄傲自满,所以他才能取长补短,学问日臻精湛,思想日趋成熟和完善。

顾炎武和"关中三友"的交往,不仅以气节相砥砺,而且他们聚在一起还会争论哲学问题,切磋学问。

"关中三友"之一的李颙,字中孚,陕西周至人,学者称"二曲先生"。他与顾炎武情投意合,是由于两人都坚持自己是明朝遗民的立场,决不屈服于清朝。但是,其实他们的哲学思想体系是互相抵触的。

李颙是陆王体系,顾炎武是程朱体系。顾炎武主张格物,通过格物达到致知,重点在于"博学于文"。格物致知是中国古代儒家思想中的一个重要概念,乃儒家专门研究事物道理的一个理论,源于《礼记·大学》八目,即格物、致知、诚意、正心、修身、齐家、治国、平天下,"欲诚其意者,先致其知,致知在格物。物格而后知至,知至而后意诚……"

但是,《大学》文中只有此段提及"格物致知",却未在其后做出任何解释,也未有任何先秦古籍使用过"格物"与"致知"这两个词汇以供参照,于是"格物致知"的真正意义就成为儒学思想的难解之谜。

李颙主张致良知,先求于内,再及于外,重点在"悟",为此与顾炎武有争论,但并不影响他们的友谊。

"关中三友"之一的李因笃,字天生,又字子德,陕西富平人。三个人中,他与顾炎武的关系最密切。顾炎武对他的评价非常高,以东汉大学者视之。李因笃精通古音韵,顾炎武的《音学五书》里插入了很多处"李因笃曰",对他的意见是很看重的。

"关中三友"的另一个人则是王弘撰,号山史,陕西华阴人。他和顾炎武一样属于程朱学派,但是他对王学也不是一味排斥,认为王阳明"致良知"三字"真得圣学真脉","有功于吾道不小",这种态度对顾炎武有很大的影响。此外,王弘撰对金石书画很有研究,精于鉴赏,富于收藏,顾炎武在《金石文字记》一书中经常插入"吾友王山史曰"字样。

可见,顾炎武与当时一些著名学者的交往,对他成为一个全面的综合性学者很有帮助。他治学态度严肃认真,此时人莫不交口称道。好友王弘撰在《山志·顾亭林》一文中说顾炎武:

> 四方出游,必以图书自随,手所抄录,皆作蝇头行楷,万字如一。

顾炎武看到朋友们有时终日宴饮,总是皱起眉头,等客人走了以后,他就告诫自己说"可惜一日虚度矣"。他就是这样对自己严格要求和勤于治学的。

清代著名学者阮元,看到顾炎武的《肇域志》原稿后写道:

> 亭林生长离乱,奔走戎马,阅书数万卷,手不辍

录,观此帙密行细书,无一笔率略,始叹古人精力过人,志趣远大,世之习科条而无学术、守章句而无经世之具者,皆未足与于此也。

顾炎武在国破家亡之后,孤身一人,远离家乡,在旅途中、在马背上读书治学,在如此艰苦的条件下,却写出了多种学术价值极高的不朽之作,实在让人钦佩。

永历帝被擒

顺治十八年(1661年)闰七月,顾炎武再赴山东。九月,曾经参与撰写《为顾宁人征天下书籍启》的友人杨彝逝世。冬天,顾炎武在山东益都登颜神山,赋诗《颜神山中见橘》,表明了他以四海为家的高洁志向:

黄苞绿叶似荆南,立雪凌寒性自甘。
但得灵均长结伴,颜神山下即江潭。

腊月十五立春日,顾炎武撰成《山东考古录》,这是他在考察山东地理掌故的基础上写成的,具有较高的历史地理、民俗及社会生活等方面的史料价值,是研究古代山东社会的一部较有价值的书,集中体现了他治学的科学态度。同时,它对《日知录》和《续山东考古录》也产生了重大影响,推动了后两者的成书,具有较高的研究价值。

康熙元年(1662年)四月,联明抗清的农民起义军将领李定国,率军南下云南普洱府勐腊,谋划恢复明廷之计。无奈此地瘴疠流行,人马因病死而大量减员,李定国也因病卧床。此前一年,南明永历十五年(1661年),清军攻入云南,永历帝朱由榔逃到缅甸曼德勒,被缅王收留。永历十六年二月,吴三桂攻入缅甸,缅王将其献与吴三桂。四月,永历帝在昆明被绞死,终年四十岁,在位十六年。听到永历帝的凶讯后,李定国病情恶化,于六月二十七日逝世,临终遗言说:"宁死荒外,毋降也。"

康熙元年(1662年)三月,顾炎武到达北京昌平,第三次拜谒天寿山。十九日,他听闻永历帝被擒的消息后,赋诗《三月十九日有事于欑宫,时闻缅国之报》:

此日空阶荐一觞,轩台云气久芒芒。

时来夏后还重祀,识定凡君自未亡。

宿鸟乍归陵树稳,春花初放果园香。

年年沾洒频寒食,咫尺龙髯近帝旁。

永历帝被擒,明统已绝。然而,顾炎武对恢复山河的信念仍然没有丧失,他以夏代少康复国等典故安慰自己。但是,他的悲哀仍然沉痛:"年年沾洒频寒食,咫尺龙髯近帝旁。"

1644年,即明崇祯十七年、清顺治元年,三月十九日,崇祯帝自缢煤山。之后,顾炎武经常在三月十九日赋诗悼念崇祯帝,如《三月十九日行次嵩山会善寺》:

独抱遗弓望玉京,白头荒野泪沾缨。

霜姿尚似嵩山柏,旧日闻呼万岁声。

在顾炎武心中,三月十九日无疑成为象征国破家亡、河山倾覆和故君殉国的特殊日子。每逢此日,他的心中总会隐隐作痛。

在北京蓟州(今天津市蓟州区)西北,顾炎武游览了盘山。它是京东第一名胜。三国时魏国著名学者田畴曾隐居于此,故称为"田盘山",简称"盘山"。

之后,顾炎武经过密云到达古北口。古北口在密云东北一百二十里,是长城上的著名关隘。顾炎武在《昌平山水记》中说,唐庄宗取幽州,辽太祖取山南,金兵破辽兵、败宋取燕京,皆由古北口。顾炎武在此诗兴颇浓,赋诗《古北口(四首)》,其一云:

汉家亭障接山南,光禄台空倚夕岚。

戍卒耕田烽火寂,唯余城下一茅菴。

其二云:

岁岁飞鸿出口回,年年采木下川来。

山中鹿角都除却,便似函关日夜开。

其三云:

白发黄冠老道流,自言家世小兴州。

一从移向山南住,吹角孤城二百秋。

其四云:

顾炎武传

雾灵山上杂花生,山下流泉入塞声。

却恨不逢张少保,碛南犹筑受降城。

之后回到昌平,顾炎武在这里度过了五十岁生日。友人要来给他祝寿,他回书婉辞。他曾赋诗《五十初度时在昌平》:

居然濩落念无成,镈驷流萍度此生。

远路不须愁日暮,老年终自望河清。

常随黄鹄翔山影,惯听青骢别塞声。

举目陵京犹旧国,可能钟鼎一扬名?

虽然年华老去,但是,他的希望与信念,仍然在心底淡淡地回荡。

第四章 | 北游生涯

一路拜访名山名士

清康熙三年(1664年)正月初五,顾炎武到山西荣河县游览后土祠。后土祠位于荣河县北十里,为汉武帝所立。汉宣帝、元帝、成帝,以及唐太宗、宋太宗,曾亲幸于此。顾炎武赋诗《后土祠》:

> 灵格移郊上,洪流圮故宫。
> 事同沦泗鼎,时接堕天弓。
> 古木千章尽,曾楼百尺空。
> 地维疑遂绝,皇鉴岂终穷?
> 仿佛神光下,昭回治象通。
> 雄才应有作,洒翰续秋风。

顾炎武传

诗中流露了顾炎武盼望明宗室中有雄才如汉武帝者出现,以恢复大明山河。

到了汾州,顾炎武又到绛州游览龙门山。龙门山位于河津县西北二十五里,据说为大禹所凿,与陕西韩城梁山并峙。顾炎武为此行赋诗《龙门》:

亘地黄河出,开天此一门。

千秋凭大禹,万里下昆仑。

入庙熏蒿接,临流想象存。

无人书壁间,倚马日将昏。

不久,顾炎武又从大同前往西口,所见所闻所感颇多,曾赋诗《自大同至西口(四首)》。其一作于大同,借记叙朝代兴亡之事,寄托对故明的哀思,诗曰:

旧府荒城内,颓垣只四门。

先朝曾驻跸,当日是雄藩。

彩帛连楼满,笙歌接巷繁。

一逢三月火,惟吊国殇魂。

其二作于过大同西北森林中的盛乐古城时：

> 落日林胡夜，南风盛乐春。
>
> 地当天北极，山是国西邻。
>
> 冠带中原隔，金缯异域亲。
>
> 武灵遗策在，犹可制秦人。

其三作于何处不详，诗中认为大明甘肃总兵仇鸾开马市违背了明太祖的茶马之策：

> 骏骨来蕃种，名茶出富阳。
>
> 年年天马至，岁岁酪奴忙。
>
> 蹴地秋云白，临垆早酎香。
>
> 和戎真利国，烽火罢边防。

其四作于过丰州（今内蒙古五原）时：

> 旧说丰州好，于今号板升。
>
> 印盐和菜滑，挏乳入茶凝。
>
> 塞北思唇齿，河东问股肱。

独馀京雒叟,终日戍楼凭。

此后,顾炎武前往京城,七月至昌平,第四次拜谒天寿山,祭奠思陵,赋诗《孟秋朔旦有事于欑宫》:

秋色上陵坰,新松夹殿青。
草深留虎迹,山合绕龙形。
放犊朝登垅,司香月扫庭。
不辞行潦荐,仿佛近惟馨。

后来,顾炎武到了河北保定府容城县孙氏故里,拜访了名士孙奇逢。

孙奇逢,字启泰,号钟元,容城人,在十七岁时中万历二十八年(1600年)举人。顺治年间,孙奇逢屡次被荐为官,都坚决推辞。后来,孙奇逢率领子弟躬耕于百泉山,在山上修筑房子,并端坐于其中潜心研读《易经》。追随响应者越来越多,睢州(今河南睢县)进士汤斌后来成为孙奇逢门下的第一高足。汤斌认为孙奇逢之学,以慎独为宗,以体认天理为紧要,以日用伦常为实际。

第四章 北游生涯

顾炎武赋诗《赠孙征君奇逢》,充满了对孙奇逢的崇敬之情:

> 海内人师少,中原世运屯。
>
> 微言垂旧学,懿德本先民。
>
> 早岁多良友,同时尽诤臣。
>
> 苍黄悲诏狱,慷慨急交亲。
>
> 党锢时方解,儒林气始申。
>
> 明廷来尺一,空谷贲蒲轮。
>
> 未改幽栖志,聊存不辱身。
>
> 名高悬白日,道大屈黄巾。
>
> 卫国容尼父,燕山住子春。
>
> 门人持笈满,郡守式庐频。
>
> 竹柏心弥劲,陶镕化益醇。
>
> 登年几上寿,乐道即长贫。
>
> 尚有传经日,非无拜老辰。
>
> 伏生终入汉,绮里只辞秦。
>
> 自愧材能劣,深承意谊真。
>
> 惟应从卜筑,长与讲堂邻。

顾炎武传

在章丘的峥嵘岁月

康熙四年(1665年),顾炎武已经五十三岁了,他又来到章丘,这次干脆在章丘长白山西麓郑公山下,买下一些田产住了下来。

从顺治十四年(1657年)冬天离家北游到现在,已经是第九个年头了。他想找个地方定居,然后静下心来做些研究工作,整理几年来的研究心得。

章丘这里的土地比较肥沃,离济南不远,南来北往的交通比较便利,商业贸易也较繁盛。顾炎武想先来这里做点买卖,以维持生计。他在经商方面不是很精通,从家里带来的本钱被一个叫谢长吉的奸商套骗了。幸好顾炎武认识地方官,处理了这个案子,但是钱没有追回,谢长吉就把自己的一千亩田地作了抵押。于是,顾炎武就在这片田地上经营起来。

经过几年的辛苦经营,这片田地长出了好庄稼。顾炎武有一首《刈禾长白山下》诗是这样写的:

> 载来来东国,年年一往还。
> 禾垂墟照晚,果落野禽闲。
> 食力终全节,依人尚厚颜。
> 黄巾城下路,独有郑公山。

在这片土地上,谷穗沉甸甸地下垂,树上的果子结了很多,采摘不及,只好任其掉落,让野禽去吃。顾炎武一边耕作,一边读书,难得悠闲度日。顾炎武以前一直寄食在朋友家,现在终于自食其力了,所谓"食力终全节,依人尚厚颜"。

可是,好日子没过几年,一场风波又发生了。康熙七年(1668年)山东发生了一起文字狱,叫"黄培诗狱"。这个案子牵连到顾炎武,他被人告发,关进了济南监狱。这是顾炎武第二次进监狱,这一年他已五十六岁。

这件事要追溯到去年"《启祯集》案"。

顾炎武与他姐夫陈济生，二人同为吴江惊隐诗社的社友。陈济生也与归庄为好友，交往非常密切。几年前，陈济生曾经选编明朝天启、崇祯两朝的遗诗，顾炎武、归庄从一开始就是积极参与者。后来，顾炎武到章丘后，仍在协助陈济生编撰此书。该书全称《天启崇祯两朝遗诗》，又称《忠节录》，简称《启祯集》。

全书除了陈济生的自序外，还有归庄、吴鹿友、姜如农等六人作的序。书中有许多与顾炎武相关的内容，包括他的嗣祖父顾绍芾、祖父顾绍芳、生父顾同应、族叔顾咸正的诗和传等。这本书问世流传开后，江南的一些无耻文人见其中有触犯当时政治忌讳的内容，就不断向为该书作序的人敲诈钱财，否则就要向清政府告发。

康熙六年（1667年）二月，江南地痞沈天甫、吕中、夏麟奇向吴鹿友父子敲诈两千两银子未果，就向清政府告发说《启祯集》一书表彰了明朝的忠臣节士，并讥刺了清朝廷。于是，清政府命刑部对此书中写序、写诗、讥伤朝廷之五十余人进行追查，一时大有"黑云压城城欲摧"之势。

此案不仅涉及江南,而且涉及全国,真的兴起大狱来将大大激化民族矛盾,会危及清朝统治的稳定。清政府顾忌到了这一点,就将案件尽量从轻处理。

在清政府的官方文献中,陈济生、归庄、顾炎武等反清复明人士编撰的《启祯集》,被说成是由告密者伪造的。就这样,一场可能到来的浩劫被消弭于无形之中,顾炎武等人也未被殃及,可谓有惊无险。

但是"山左黄培诗狱案",即所谓"十四人逆诗案",又把"《启祯集》案"牵扯了出来。

康熙五年(1666年)六月,山东莱州原明朝兵部尚书黄宗昌的家奴投靠清政府当了叛徒,向内翰林姜元衡告发,说黄宗昌的侄儿黄培、儿子黄坦、黄培之侄黄贞麟等十四人撰写"逆诗"。于是,康熙皇帝下令叫山东督抚亲审。

第二年,姜元衡又受章丘的谢长吉的唆使,说《启祯集》是顾炎武在黄培家里编辑发刻的。谢长吉曾向顾炎武借银千两,不想偿还,就答应把章丘大桑家庄的田产抵押给顾炎武。这次只要借官府之手杀了顾炎武,谢长吉就可以收回那些土地了。于是,"十四人逆诗案"又转移到了"《启祯集》案"上。

康熙七年(1668年)正月,山东抚院下令把顾炎武逮捕归案。这时,顾炎武正住在北京慈仁寺,二月十五日才听说山东再审《启祯集》案。顾炎武深知,倘若这一案件被翻出来,不仅自己性命难保,而且将导致一大批人家破人亡。面对这一突如其来的灾难,顾炎武十分冷静,决定与清政府斗智来保护自己和因此案而被牵连的人。

十六日,顾炎武毅然出京,前往山东济南府对簿公堂。行至德州,得知朝廷已派人到江南去缉拿他了。为了防止意外,他焚毁了有关书信,并致函李因笃,请他设法解救。三月二日,他到达济南府,两天后即被关进监狱。

顾炎武入狱后,立即致函堂叔父顾兰服、外甥徐元文,要徐元文迅速北上营救。另外,又写信给朱彝尊的姑表兄弟、时任登州知府的谭吉璁等人,说明姜元衡之书与前次沈天甫等"伪造"之书为同一书,故此案无须再审。

与此同时,顾炎武的朋友也多方展开了营救活动。李因笃闻讯后,火速赶赴北京,向京城的友人告急求救,然后赶赴济南狱中探视顾炎武。朱彝尊听说此事后,也立即赶赴济南,住进了山东巡抚刘芳躅的幕署,为顾炎武开脱辩解。徐元文等人也出面多方斡旋。

在这场与清政府斗智斗勇的激烈交锋中,顾炎武采取了不承认的态度和以攻为守的斗争策略。他一口咬定《启祯集》是伪造的,与自己和朋友们毫无干系。还说《启祯集》中有"宁人"(顾炎武的字)字者但前面并无"顾"字,凭什么说此"宁人"就是顾宁人呢?况且"《启祯集》案"已有定论,姜元衡之流企图翻案,乃出于谋财害命的不可告人的目的,更是目无圣上的大逆不道的行为。顾炎武不仅要保护自己和被牵连的一大批江南读书人,还要让那些穷凶极恶的汉奸落一个诬告的罪名。

五月,山东抚院开庭审理,由于顾炎武和朋友们多方做工作,此次开庭审理以有利于顾炎武的局面而结束。不过,负责审理此案的山东巡抚刘芳躅,对于案件的真相却是心知肚明的。多方面的顾忌使他既不便把案件继续查下去,也不敢匆忙结案。案件迁延到九月,顾炎武才被保释出狱,《启祯集》案"最后被归结到"十四人逆诗案"。

顾炎武传

康熙八年（1669年）四月一日，黄培等人在济南被杀害。

此案了结后，谢长吉并不甘心，又以田产之事进行纠缠。顾炎武与他再次对簿公堂，田产案才算了结。

经过这次案件，顾炎武感到山东也是跟江南一样的风气，不可以定居，所以有意向西部转迁。

在山西垦荒成功

清康熙初年,全国各地的反清斗争已经处于低潮。在这种情况下,清朝统治者一面加强军事、政治、思想的统治,提倡尊孔崇儒,表彰程朱理学,同时大兴文字狱,镇压具有抗清思想的知识分子,千方百计地巩固政权;一方面根据经济凋敝、人口锐减、田地乏人耕作的现状,颁发了奖励垦荒的条例。

为了实行垦荒政策,清政府还规定,以招徕人口、垦殖荒地的数量,作为考核地方官政绩、晋级升迁的标准,甚至作为对汉族官员奖励录用的标准。

确实,自清朝初年以来,由于长期战乱,百姓的生活很不安定,在北方的河南、山西、陕西等省,一派土地荒芜、十室九空的景象。自从采取了奖励垦荒的政策后,对于发展农业、繁荣经济、安定社会都产生了积极的作用。

正是在这种情况下,顾炎武去了山西。在山西,顾炎武与朋友李因笃等二十多人共同借贷了资本,在雁门之北、五台之东进行垦荒。他绝不是为了获得清政府的奖励才去垦荒的。

顾炎武认为,从全国的形势看,抗清斗争大势已去,很难在短时期内取得胜利,还不如在荒僻之地居住下来,等待时机,以求东山再起。他在给自己弟子潘耒的信中说明了这个观点,甚至劝说潘耒也到山西来,实行"边地立业"的计划,经营畜牧业或者开矿,收益都将很不错。

要知道,在北方边地垦荒并不是一件容易的事,不仅需要一笔可观的资金,还要四处招募流亡人员。有了劳动力,还得合理安排、切实管理,才能使穷山恶水变成良田,长出茂盛的庄稼。假如在哪个环节上出了差错,血本无归者并不少见。

顾炎武最终获得了成功。有人说他在雁门垦荒"累致千金",是发了一笔大财的。然而,顾炎武一点也不看重金钱。他的志趣不在经商,也不在垦荒,而是为了探索"修身治国平天下"的学问。经由垦荒获得经济收益,仅仅是为自己能有一个安定舒适的生活环境,不愁吃穿,才能腾出精力来四处考察访问,做自己想做的学问。

自然,此时顾炎武的性情也不再像年轻时那么容易激愤,而是变得深沉稳重多了。也许,正是在山西垦荒获得了成功,才促进了他经济思想的发展。

顾炎武在考察中发现,西北一带的农民不懂桑麻,只能依赖于内地的丝绵织物。但是,由于内地的纺织品运往北方后价格比较昂贵,所以一般的百姓无力购买。很多人到了冬天无法出门,只能聚居在窑洞中,或者堆积干草卧伏其中。顾炎武在著作《日知录·卷十》中提出了解决问题的办法:

> 今当每州县发纺织之具一副,令有司依式造成,散给里下,募外郡能织者为师。即以民之勤惰,工拙为有司之殿最,一二年间民享其利,将自为之,而不烦程督矣。计延安一府四万五千余户,户不下三女

子,固已十三万余人,共为利益岂不甚多?

顾炎武认为,将江南一带的纺织设备、技术引入西北地区加以推广,既能解决百姓的衣着困难,又能使他们摆脱贫穷。

顾炎武还主张在西北地区大力发展工商业,不仅要推广纺织品生产,也应该将政府专卖盐茶改为自由买卖。他认为,对民有利则财源充足,为官府专利则财源阻塞。如果百姓富裕了,政府的财富就能充足,国家也就富足而强盛了。

长期以来,生活在封建社会中的人们对积聚财富采取轻视的态度,以自给自足的自然经济为目标,常常鄙视商品生产,所以故步自封。顾炎武旗帜鲜明地主张发展生产,以积聚财富,认为只有百姓富裕了,才能维持良好的道德,如果百姓衣不蔽体、食不果腹,还谈什么仁义道德呢?

顾炎武的经济思想是多方面的,也是讲求实效的。在他的著作中,一再突出民生之利在工商经济领域中的核心地位，认为它是整个社会运行机制——"财源通"——的关键所在。只有财源通，才能收到有益于国的实效。如果违反了这种关系，片面追求求利之方，必然会得不偿失，逐渐导致民生贫、国计窘的严重后果。

顾炎武对自己的治世之略很得意，他苦心孤诣地拟定了许多救国的方案，并付诸实施，晚年尤其致力于边防和西北地理的研究，提出了"务农积谷"和"守边备塞"的主张，并进而研究农田水利，关心民众的生活疾苦。

顾炎武传

铁骨铮铮拒修《明史》

康熙十年(1671年)冬,清朝大学士熊赐履来到徐乾学(顾炎武的外甥)家拜见顾炎武,想请他出来帮助修撰明朝的历史。顾炎武一听,拂袖而起,厉声说:"多谢先生一片好心。我娘忠节之事,你大概也知道。她老人家临终前一再嘱咐我:要忠于我大明,不要做异族的臣吏。如果要我出来参修明史,岂不是负我母亲遗命,羞辱于她吗?如果朝廷一定要我这样做的话,那我只好搭上这薄命一条,或逃到深山老林中去了。"

熊赐履听顾炎武这样一说,非常难堪,脸上红一阵白一阵的,半天说不出话来。要知道,熊赐履是康熙皇帝的侍读学士,即陪伴皇帝读书的人,只要他在皇帝跟前说几句坏话,顾炎武性命难保;不仅如此,恐怕连他的外甥徐乾学的官职也难保了。徐乾学连忙站出来,替舅舅赔不是。

熊赐履离开后,徐乾学责怪舅舅说:"舅舅,您老人家也真是,人家熊学士请您协助他修《明史》,是皇上的恩典,抬举您,您何必说这样的话呢?弄得熊学士一点脸面都没有……"

不等徐乾学说完,顾炎武厉声说道:"你这没有骨头的奴才,休得放肆。老舅有命一条,早就置之度外了!"说完,愤然离开了徐家。

这件事在朝廷上下广为流传,大家无不称赞顾炎武的铁骨铮铮和忠心耿耿。就连康熙皇帝对顾炎武这种凛然不可侵犯的民族气节也钦佩不已,叹曰:"民心不可辱,民心不可辱!如果汉族人都像他这样,我们满洲哪会有今天啊!"

后来,康熙十七年(1678年),朝廷开博学鸿儒科,征召天下学者修撰《明史》。修撰前朝历史,不是一件简单的工作,它必须对前朝的政治、经济、文化、兵役赋税制

度、农田水利、地理沿革，还有历史人物的生平事迹、人物之间错综复杂的关系等，都要有十分清楚的梳理。假如一个人学识不够，是难以胜任这项工作的。

这些参加修史的翰林，在实际写作过程中就碰到了各种各样的问题。他们多么希望能有几个学术权威来指导啊！在当时，非常了解明代历史的有两个大学者，那就是江南昆山的顾炎武、浙江余姚的黄宗羲。于是叶方蔼向皇上奏明，一定要请二人出山协助修《明史》。

这一年，顾炎武已经到了六十六岁的高龄。这时，他的学术研究已经是炉火纯青，并卓有成就了，在南方北方的学者中具有很高的声望。许多官僚为了装点门面，常常请顾炎武去客住。这年冬天，在北京聚集了很多全国各地选送来应试博学鸿儒科的学者，而顾炎武也住在外甥徐乾学家里。

有一天，顾炎武的同乡叶方蔼、韩菼特来拜访他，他们二人都是京城大官，身居要职。他们这次来主要是劝顾炎武应征的，为了此事叶方蔼来过几次了。

叶方蔼此时是翰林院掌院学士，是康熙皇帝南书房侍读。这次他以同乡的身份来见顾炎武,极力劝说顾炎武应征博学鸿儒科,并说自己在皇帝面前极力推荐了他,皇帝很敬慕他的为人和学问。

顾炎武很平静地说:"多谢皇上的恩旨和二位乡亲故友的鼎力举荐。上次熊赐履学士荐举我修《明史》,我就说了,如果真是这样,那我不是像屈原那样死,就是像介子推那样逃。想当年,屈原忠贞爱国,被楚怀王疏远,行吟至泽畔,听闻楚国丧亡,便自沉汨罗江,以身殉国。介子推不受晋文公的封赏,携老母亲逃匿进绵山,被放火烧死也不出来做官啊!"

叶方蔼说:"年兄何必这么认真!如今国家安定,尊儒重道,兴盛文教,正符合万民之心,朝廷此次开博学鸿儒科正是此意。年兄若能应召,一则是朝廷和众心所望,二则年兄生活也有个着落。"

顾炎武说:"还劳驾方蔼兄回禀皇上,我衰老之躯,做一个草野之民就足矣。荣华富贵,实不敢奢望。"

后来,顾炎武为免遭麻烦,干脆不入京都。叶方蔼没有办法,只好把顾炎武的学生潘耒拉去应征了。

第二年春正月,顾炎武离开京都,前往陕西,寄居在好友王弘撰家,后去了河南嵩山,随后去了山西汾州。这年,朝廷史局正式开馆修《明史》,叶方蔼充任史馆总裁。

叶方蔼又去请黄宗羲。黄宗羲早年追随鲁王朱以海参加抗清斗争,失败后在家里埋头著述,研究学问。黄宗羲坚决辞谢了邀请,最后在迫不得已的情况下,只好叫自己的儿子和学生万斯同去史馆参修《明史》。虽然后人对此有所非议,但黄宗羲当时的想法是力求写出一部真正的《明史》,以此报效故国。

相形而言,顾炎武拒绝参修《明史》是有自己的想法的。他除了因为母亲遗命和民族气节以外,还出于另一方面的考虑:在清政府高压政策下,要秉笔直书明朝的历史,必然会触犯清政府禁忌。因此,在清政府眼皮底下修《明史》,就必然要违心、违史而曲意迎合清朝统治者的意志;否则,便有杀身之祸,且要连累许多朋友和亲人。康熙二年(1663年)的"庄氏史案",人们至今想起来也会不寒而栗,当时顾炎武就差一点把命搭进去了。

"庄氏史案"是清代一场著名的文字狱案。案主庄廷鑨,是浙江归安(古县名,在今浙江湖州)的大富户,得到邻家已故明朝宰相朱国桢编辑的明朝历史人物事件稿本,然后请文人重新编写刊刻,并增补了崇祯朝及南明诸朝廷君臣的史传。书中触犯清政府禁忌的语句较多,所记南明事又不尊清政府年号,而用南明弘光、隆武、永历年号等。

康熙二年(1663年),原归安县令吴之荣,贪污犯法,遇赦而出。吴之荣这条恶棍,贪慕庄家财富,把书中忌讳语言抄录下来,要挟庄家一大笔钱财。庄家不能如其愿,于是吴之荣便向当地官府告发,官府知道吴之荣的为人和目的,没有理他。吴之荣便进京告发了庄廷鑨。

清政府大怒,于是七十多人被株连杀害。刻书人、卖书人、买书人、作序人、藏书人都在惩处之列。另外,那些与庄家有联系的人,也被牵连受罚,一共有两千多人。庄廷鑨当时已死,被剖棺戮尸,弟弟庄廷钺被杀。

当时顾炎武的两个好友吴炎、潘柽章也被杀害。吴、潘二人参与了书稿的撰写,并向顾炎武借了有关史录、奏状一两千本。由于二人遇难,这些珍贵的图书资料也就

顾炎武传

散失了。幸亏吴、潘二人没有说出向顾炎武借资料的事,否则顾炎武也在劫难逃。当时,庄廷鑨也邀请了顾炎武编写,顾炎武轻薄其人无学,就辞谢了。否则,顾炎武也早就成了刀下鬼。

当然,顾炎武拒修《明史》,"庄氏史案"只是一个因素,最主要的还是他的民族气节和宁折不弯的人格精神。清朝贵族自入关以来对汉人残暴屠杀,实行民族压迫、民族歧视的政策,使汉族人蒙受了极大的摧残。这些,顾炎武都亲身经历了,那惨不忍睹的情景时时浮现在眼前。这样的朝廷,顾炎武怎么会屈膝奴从呢?

在华阴的岁月

康熙十六年(1677年),顾炎武六十五岁时,先后移居陕西的富平、华阴。他移居的主要原因在《亭林文集·与三侄书》中有记载:

> 华阴绾毂关、河之口,虽足不出户,而能见天下之人,闻天下之事。一旦有警,入山守险,不过十里之遥;若志在四方,则一出关门,亦有建瓴之便。

其中,绾毂,指处于中枢地位,能起控制、扼守的作用。关、河,分别指潼关、渭河。顾炎武始终不忘恢复明朝的想法,他定居华阴,实际上是"志在四方",而有待于"天下有变"。他到华阴后赋诗《岁暮西还时李生云霑方

顾炎武传

读盐铁论》:

> 积雪冻关河,我行复千里。
>
> 忽闻弦诵声,远出衡门里。
>
> 在汉方盛时,言利弘羊始。
>
> 桓生书一编,恢卓有深旨。
>
> 发愤刺公卿,嗜利无廉耻。
>
> 片言折斗筲,笃论垂青史。
>
> 矧乃衰乱仍,征敛横无纪。
>
> 转饷七盘山,骨满秦川底。
>
> 太息问朝绅,食粟斯已矣。
>
> 幸哉荀卿门,尚有苞邱子。

李云霈为顾炎武嗣子衍生的老师,寓居在理学、史学兼易学家王弘撰(华阴人)家中。

顾炎武与王弘撰朝夕相处,言谈甚欢。王弘撰也颇感欣慰,在《复施愚山侍讲》中写道:

> 弘撰以不才,又衰病侵寻,西归以来,益复惫甚。

唯是与顾亭林先生朝夕同处,以古道相砥,优游山水之间,差足娱耳。

康熙十九年(1680年)元旦,顾炎武作一副对联《与毛锦衔》曰:

六十年前二圣升遐之岁
三千里外孤忠未死之人

正月,赋诗《赠毛锦衔》:

来时冬雁飞,去日春风度。
浮云恋故山,翔鸟怀高树。
一别遂西东,各言难久驻。
去去慎所之,长安有歧路。

毛今凤,字锦衔,为顾炎武门人,曾作七律《恭呈顾老夫子》,其中有云:

抗节不为东海蹈,论人独耻北山移。
精研经术编常绝,激烈时忧策自知。

顾炎武传

没过几天,就传来了顾炎武二姐去世的消息。两天后,顾炎武设祭悼念。

在寒食日,著名诗人兼金石家康乃心,前来王弘撰家拜访。第二天,顾炎武与之同游竹林寺。几天后,送别康乃心,顾炎武赋诗《送康文学归郃阳》:

子夏看书室,临河四望开。

山从雷首去,浪拂禹门回。

大道疑将废,遗经重可哀。

非君真好古,谁为扫莓苔?

接着,王弘撰父亲的侧室张氏逝世,顾炎武有关于丧服的议论,朝邑的塾师王建常与之辩论。顾炎武赋诗《友人来坐中口占二首》,其一曰:

不材聊得保天年,便可长栖一壑边。

寄语故人多自爱,但辞青紫即神仙。

其二曰:

昨过河东望首阳,空山烟霭尚苍苍。

传闻高士燕中返,料理床头皂荚囊。

其中,"友人"可能是指李因笃,"故人""高士"可能指王弘撰。

顾炎武送二姐夫马光奔丧出关,李云霑与之一同南归。顾炎武为此赋诗《送李生南归寄戴笠王锡阐二高士》云:

华山五粒松,寄向江东去。

白云满江天,高士今何处?

忆昔过湖滨,行吟两故人。

潜龙犹在水,别鹤已来秦。

江海多翻覆,林泉异栖宿。

惊闻东市琴,涕陨堂前筑。

去去逐征蓬,随风西复东。

风吹兰蕙色,一夜落关中。

五陵生蔓草,愁绝咸阳道。

平生四海心,竟作终南老。

送子出函关,南山望北山。

洞庭多桂树,折取一枝还。

诗中流露出顾炎武对江南友人的深切思念、老年已至的苍凉心情。又作《与戴耘野》:

一别廿载,每南望乡关,屈指松陵数君子,何尝不缅想林宗,长怀仲蔚,音仪虽阔,志向靡移。其如一雁难逢、双鱼莫寄,而故人良友存亡出处之间,又不禁其感涕矣!遥审素履无恙,风节弥高,已成三辅之书,独表千秋之躅。晨星硕果,非君而谁?

弟生罹多难,沦落异邦,长为率野之人,无复首丘之日。然而九州历其七,五岳登其四,今将卜居太华,以卒余龄。百家之说,粗有窥于古人,一卷之文,思有裨于后代,此则区区自矢而不敢惰偷者也。《关中》诗五首、《寄次耕》诗一首呈览,可以征出处大概。昔年有纂录《南都时事》一本,可付既足持来。尊著《流寇编年》《殉国汇编》,闻已脱稿,所恨道远无从披读。敬伫德音,以慰悬企!

在此文中，顾炎武表示，自己愿意终老于太华，卜居于太华，直到死为止。

不久，顾炎武原配王氏在昆山逝世。王氏是顾炎武嗣母的侄女。崇祯四年（1631年），顾炎武十九岁，娶王氏。王氏贤惠，但没有儿子，所以，顾炎武不得已纳妾韩氏、戴氏等。顾炎武北游后，王氏仍旧以原配身份留在家乡。康熙十九年（1680年）十一月，王氏去世，顾炎武作《悼亡》诗五首。其一云：

独坐寒窗望稿砧，宜言偕老记初心。
谁知游子天涯别，一任闺芜日夜深。

其三云：

廿年作客向边陲，坐叹兰枯柳亦衰。
传说故园荆棘长，此生能得首丘时？

二十多年离乡游历，年近古稀，还能回到故乡长眠吗？顾炎武此等生死之念，怎能不令人感慨！其四云：

贞姑马鬣在江村，送汝黄泉六岁孙。

地下相烦告公姥,遗民犹有一人存。

托付妻子在黄泉之下告知嗣母,顾炎武此生从未违背遗命,一直坚持民族气节。

昆山老家妻子去世,弟弟鼎文患病,不由得勾起了顾炎武浓浓的思乡之情。在《与李子德》书中,他告知李因笃,打算第二年四月南归。书信中还提到了汾州、大同一带严重饥馑以至于出现人人相食的惨剧。

康熙二十年(1681年)二月,顾炎武前往曲沃。四月,他返回华阴。接着,嗣子衍生的生父逝世的消息传来,顾炎武在华阴寓所中设祭,率衍生进行拜奠。

七月十日,华阴朱子祠堂破土动工。顾炎武在《与李中孚(颙)书》中说:

……然堂庐门垣,备制而已,不欲再起书院。此时民风不美,若有余房一二间,便为赌博之场矣……

顾炎武不打算在祠堂中再建书院,因为当时民风不够淳朴,恐怕多出的房屋会沦为赌博场所。

八月,由于清政府的监视和迫害加剧,顾炎武不得不离开他特别钟情的陕西华阴,东渡黄河,前往山西曲沃。在曲沃,他住在一个名叫"宜园"的处所。

十月,清军攻入昆明,昆明军民则遭到了一场惨绝人寰的大屠杀。至此,持续数十年之久的反清斗争可以说是完全失败了,顾炎武也彻底绝望了。

客死曲沃，魂归故里

康熙二十年(1681年)正月初八的清晨，顾炎武在曲沃的居所推开窗户，只觉一股凛冽的寒风扑面而来。他举目望去，初升的太阳映照着银装素裹的远山近水，泛起一片耀眼的光彩。下了几天大雪，终于放晴了，但是空气依然十分寒冷。朔风掠过树枝和茅草房，发出尖利的呼叫，使四周愈显冷寂。

顾炎武是头年二月从汾州来到曲沃的，住在东韩村宜园。以前他来曲沃，常住绛山书院，还与卫蒿、傅山等人在书院内讲课，听课的学生不下数百人。顾炎武讲授政治、经济、史地，很受欢迎。后来觉得城里嘈杂，也许是上年纪了怕烦，就住进了宜园。

第四章 北游生涯

宜园的主人是清初进士韩宣,他照料着顾炎武的日常起居,使之能够安安心心地完成他的鸿篇巨制《日知录》。宜园位于曲沃县城西南三里曲沃古城内,南临汾水,与"曲沃十景"之一的"绛山冰岩"遥遥相对。顾炎武在写作之余,漫步吟诵于古城基,或举目眺望晶莹透亮的绛山冰岩,以此作为最好的休息。

毕竟顾炎武已经年近古稀了,长久的颠沛流离,造成了他的体弱多病,常常有力不从心之感。但是,他更多的不是顾及自己的安危,而是担忧国家的兴亡。"天下兴亡,匹夫有责"是他发出的呼吁,自己当然应该身体力行。

前些日子,顾炎武多次沿浍水东行,不顾路途艰辛,往返考证晋都、绵山。也许是体弱和过分疲劳的缘故,他的饮食起居颇不正常,动不动就呕吐腹泻。他心里很焦躁,只盼抓紧有限的时间,快快改定旧作,创制新篇。

这天,阴了多时的天终于放晴了。顾炎武的心情也似乎好了许多。虽然浑身虚软,使不出劲来,但是他再也不愿等待了。他想趁着天晴,赶到华阴去,整理一下积满案头的草稿。

天色刚亮时,顾炎武就急切地催促嗣子衍生起床,话语中有一股按捺不住的急躁。嗣子已经将一切都打点好了,马也牵到了屋前的场地上。衍生一手抓住缰绳,一手扶住嗣父的腰,帮助他费力地跨上了马背。

顾炎武一生没有儿子,后来,他的学生潘耒考虑到老师年迈无子,又不能没人照顾,就提议把族中的衍生从江南请来,做顾炎武的嗣子。顾炎武同意了。在顾炎武六十五岁那年,衍生就开始与顾炎武一起生活,当时衍生只有十一岁。

寒风扑面吹来,又硬又冷。顾炎武左脚踩着马镫,使劲抬起右脚,跨向高高的马背。可是久病初愈,浑身乏力,手和脚都不像是自己的了。雪地里反射的阳光照在他的眼睛上,让人一阵晕眩。

顾炎武定了定神,他相信自己具有足够坚强的意志。如果连骑上马背的力气都没有,明天还怎么去华阴呢?于是,他咬紧牙关,使出全身的力气,用手抓住马鞍,脚一蹬又跨向了马背。谁知,雪地稍稍有点融化,又结成了冰,十分溜滑,右脚一使劲,便向外滑开去,"啪"地摔倒在地。

这一跤摔得很重。衍生只觉得脑子嗡了一下,一种不祥的预感涌上心头。他慌忙叫来乡邻,把顾炎武抱进房里,轻轻地放在烧暖了的炕上。这时,七十岁的老人面容苍白,双目无神,不停地呕吐腹泻。到了夜间,他失去了知觉,连衍生含着热泪急切的呼唤,他也不能分辨了。

正月初九凌晨,顾炎武这位明末清初伟大的思想家、爱国学者,在亲友们的恸哭声中,结束了他漂泊流离、饱经忧患的生命旅程,溘然长逝了。

十七岁的嗣子衍生遇到这样的事情,手足无措,不知该怎么办。幸好有顾炎武生前的好友相帮,大家出钱出力,料理了后事。

三月份,顾炎武的族弟顾严从家乡赶来,和衍生一起扶柩而归,将顾炎武安葬在故乡昆山千墩镇南宅顾氏祖茔。那匹始终陪伴顾炎武的老马,竟也忧郁而死,马骨随之运回,葬在顾家的读书楼边,并在一侧立了石碑。

顾炎武归葬于嗣父顾同吉、嗣母王贞孝墓穴的次位,墓碑上镌刻着"顾先生亭林暨配王硕人合墓"。墓后栽种着柿子树,嗣祖父生前喜欢柿子,矮墙外则围拥着数十株

苍翠挺拔的松柏。

顾炎武先生的墓地,以及后人建造的亭林祠、四柿亭、墓道等,都成了人们缅怀顾炎武光辉业绩、颂扬先生高风亮节、勉励后代发愤努力的纪念地。

第五章 思想巨人

第五章 | 思想巨人

爱国,基于民族自尊

顾炎武生活在一个特定时代,他一生都在为推翻清朝统治、复兴明朝大业而奔波着。忠君爱国是旧时代有节操的知识分子的共同表现,他爱他的故国,他爱他的故国君主,然而他并不是爱他那个故国的一切。实际上,他在《日知录》等著作中,对明朝的种种弊端都进行了无情揭露和抨击。

顾炎武的爱国主要是基于民族自尊这一点,他觉得明朝灭亡,不仅仅是个朝代问题;而清朝建立,是外族入侵和民族压迫。他的"天下兴亡,匹夫有责",其意义也正是如此。

过去有人认为,顾炎武一生那样执着地"反清复明"

和"忠君爱国",是一种迂腐、不能顺应历史潮流发展的表现,因为改朝换代是一种历史的必然。这种看法不乏可商榷之处。

一般来说,明朝的灭亡是必然的,因为当时各种社会矛盾的冲突都发展到了非常尖锐的程度,革命的爆发避免不了。李自成推翻明朝的统治,可以说是一种历史的必然;而清朝的建立则是一种历史曲折的表现。

当本民族处于危亡之时,一个人如果不爱自己的祖国,不积极反抗外来侵略和压迫,而是等待一个"新朝代"的诞生,那还有什么"爱国主义"和"民族英雄"可言?难道历史上的民族英雄如岳飞、文天祥,都是无谓的吗?因此,必须以历史唯物主义的态度来看待历史上所发生的一切。

顾炎武是一位伟大的学者,说他忠君爱国,都是就当时的历史条件而言。而且,他也不是一个完美无缺的人,他站在他那个时代统治阶级的立场上,对当时的农民起义非常仇视,骂他们是"贼"。

顾炎武对封建社会的种种弊端有着深刻认识,并进行了无情揭露和批判,而这一切弊端的根源是君主专制,他对此也有所认识。但是,他却从维护封建统治秩序出发,认为君臣父子的关系是永恒不变的,例如,春秋时代的伍子胥鞭打昏君平王之尸,是伍子胥违背了君臣关系。

尽管如此,他还是一位伟大的爱国学者,他坚贞不屈的人格精神永远是后来人的典范。

外甥"昆山三徐"

顾炎武上有三个姐姐,下有一个妹妹,因此有好几个外甥。其中,最出名的是他妹妹的三个儿子,徐元文、徐秉义、徐乾学。顾炎武晚年和这几个外甥的接触非常多。

三个外甥小的时候,他们的父亲徐开法常年游历在外,照顾不上家庭和孩子,而顾炎武当时家庭条件较好,对妹妹和外甥们时有资助,还经常指导他们读书学习。

徐元文,字公肃,号立斋。他在少年时代就非常喜欢读书学习,十四岁时经考试被录取为当地的生员。他所读的书以五经——《诗》《书》《礼》《易》《春秋》——为主,也常读诸子百家的著作,力求明了事理、经世致用。

徐元文对"举子家言"则是有选择地去读。当时昆山所在的吴中地区,继承了明末东林党"复社"的遗风,盛行以文交往结社。徐元文兄弟三人也相约组织了文社,并命名为"慎文",后改为斋号"集义居"。他们厌恶时俗、提倡古学,一时间,各种谈论学问的文章纷纷效仿徐氏兄弟的文风。

顺治十一年(1654年),徐元文在乡试中考中举人。顺治十六年,他在殿试中又高中进士第一名,当时他才二十一岁。顺治皇帝在乾清门召见了徐元文,对他抚慰有加。顺治皇帝回宫后,高兴地对皇太后说:"今年我大清得了一位好状元。"下旨赐予徐元文冠带、蟒服,并任命他为翰林院修撰。

徐元文在翰林院任职期间,多次被顺治皇帝召见。有一次他跟从皇帝到西苑,顺治特赐他乘坐御马,他特意写下了"空传枚马金门侍,只倚雕虫事武皇"的诗句以记此事。

有一天,徐元文跟随顺治皇帝造访蕉园方丈,向方丈请教佛家典籍。事后,徐元文对方丈没有表示谢意。顺治皇帝也没有难为他,却对方丈说:"此人大有见解,他当状

元是朕亲自选拔的。"

翰林院的日常事务很简单,徐元文就利用空闲时间研究学问。他不但钻研诗文,且努力通晓历史,求本探源,总结可以借鉴的历史经验。在后期参与了编著《明史》。

徐秉义,初名与仪,字彦和,号果亭。康熙十二年(1673年),徐秉义中探花,被授予翰林院编修。

康熙十四年(1675年),徐秉义典试浙江,一时间知名之士几乎全被选拔出来,无一遗漏。这一年秋天,徐秉义以史馆纂修身份被征召入京,授予左中允。此后,徐元文出任日讲起居注官,在教司任庶吉士。

徐秉义参与馆选,作为教司,考虑到以兄拜弟不合礼教,而不拜教司又不合王法,于是上疏辞去职务。康熙帝最初不答应,后来特免去徐秉义教司一职,此事才得以了结。

康熙二十二年(1683年),徐秉义准备纂修《大清一统志》,康熙帝说此事必定要徐家兄弟来做,徐秉义便参与其中。而后,徐秉义出任《大清一统志》总裁官,晋升为侍讲,累官至詹事府右中允。康熙三十六年,徐秉义被提拔为少詹事、日讲起居注官。

康熙三十八年(1699年),徐秉义升任詹事,一年后出任殿试读卷官,授任《明史》总裁官,几经升迁,出任吏部侍郎。后来,徐秉义与刑部侍郎绥色克一起审理盐道黄明受贿案时,由于定罪不对而被降级,调任詹事府詹事。

后又赶上朝考翰林詹事,徐秉义应试的《万寿无疆赋》,名列第一,例当升职。在职期间,官职升至内阁学士、吏部侍郎。康熙四十一年(1702年),出任顺天乡试主考官。

康熙四十三年(1704年)秋,徐秉义回到老家。第二年开春,康熙帝南巡时,他陪同登上玉峰,游历他家的遂园。康熙帝亲笔书写"恭谨老成"的榜额赏赐给徐秉义,对他的一生进行了肯定。从此,他闭门不出,购置了大量古籍,还常与江浙一带硕学名儒切磋。

徐秉义享有文名,一时誉满京城。他天生老实持重,专心攻读举子事务,阐发经传微言精旨。他博览群书,即使退居山林,所记下的只言片语,也必定合于经史。

徐秉义高风亮节,朝野上下共闻。他所著诗稿,高雅

幽洁、纤尘不染。康熙年间，朝中高士在评价"昆山三徐"时称："公肃（徐元文）仁人君子，健庵（徐乾学）大人君子，果亭（徐秉义）正人君子。"

徐乾学，字原一，号健庵，幼时聪慧。康熙九年（1670年）一甲第三名进士（探花），授予翰林院编修，最终官至刑部尚书。徐乾学在文学方面的造诣不错，这一点和他舅舅顾炎武很像。他在朝二十年时间里，主编了数种国家大型丛书，多达三千八百余卷。而官场中的徐乾学却又是另外一个样子。

起初康熙重臣纳兰明珠得势之时，党羽遍布朝廷内外，徐乾学和很多官僚一样依附于纳兰明珠门下。后来，纳兰明珠渐渐失势，徐乾学突然被升为左都御史。他上任后首先弹劾罢免江西巡抚安世鼎，接着纳兰明珠被罢免，大家都说这是徐乾学策划的。

以徐乾学为首的小团体，和以纳兰明珠为首的北党相互攻击。毕竟瘦死的骆驼比马大，徐乾学在这场斗争中并不占优势，于是，他就联合大臣索额图、熊赐履一起攻击纳兰明珠，揭露了纳兰明珠的许多不法行为。

徐氏三兄弟都为清朝效力,而且官运亨通,顾炎武与徐氏兄弟之间的关系也就颇为引人瞩目了。后朝为前朝修史是古代惯例,清朝希望借修《明史》的机会拉拢前朝遗老,争取更多士大夫对清朝的支持。

徐乾学、徐元文兄弟都曾主持《明史》的编修工作,兄弟二人都曾试图劝舅舅顾炎武参与《明史》编修,但都被严词拒绝了。

顾炎武传

将恪守准则传之后人

徐氏一门三兄弟都考中进士入朝为官,与舅舅顾炎武的教导不无关系。顾炎武游历北京时,有时也住在几个外甥家里,但是顾炎武刻意与几个外甥保持距离,他要求外甥侍奉君主要坚守道义,为官要清廉,以天下苍生为念,重视民间疾苦。

顾炎武一生未曾出仕为官,始终保持着气节,终生践行自己的廉耻观。"博学于文,行己有耻"是他终身恪守的准则。同时,他也把这种准则传给了后人。

顾炎武曾给徐元文写过一封著名家书《答徐甥公肃书》,那时他已近七十岁高龄,客居他乡。在家书中,他不谈自己的生活琐事,不表达亲情,而是痛陈自己所目睹的

百姓疾苦,叮嘱道:

> ……不忘百姓,敢自托于鲁儒;维此哲人,庶兴哀于周雅。当事君子,倘亦有闻而叹息者乎!东土饥荒,颇传行旅;江南水旱,亦察舆谣……

这是一个老人的真心教诲。其心皎皎,照亮世人。正所谓"居庙堂之高则忧其民,处江湖之远则忧其君",由此可见顾炎武"先天下之忧而忧"的情怀。同时,顾炎武尽管自己严守效忠明朝之志,但并不反对外甥为清朝效力。对于晚辈们的选择,他表现得颇为开明。

康熙十二年(1673年),三个外甥帮他们的舅舅做了一件事:为顾炎武征集天下之书。三个外甥在"启事"中呼吁天下的贤达名公、好事君子,能将自己的前代刻板善本或者抄本等经世有用之书,或者送到他们家中,或者答应借给他们抄出副本。三年后,顾炎武再次入京,徐乾学还在舅舅六十四岁生日这天为他置酒祝寿。

康熙十六年(1677年)初,三兄弟回昆山为母亲治丧,顾炎武与他们在天宁寺话别,这也是甥舅间见的最后

一面。

三个外甥对舅舅的学问十分佩服和尊重。徐乾学曾在一次与康熙皇帝的对话中,将顾炎武关于税赋政策如《钱粮论》的一些论述提供给康熙皇帝参考。徐乾学自己还专门写了一篇文章介绍此文,并说凡是为国计民生着想的人都应该反复阅读。

顾炎武自从顺治年间离开故乡后,在外游历多年,始终不肯回到昆山。尽管几个外甥富贵之后多次提出为舅舅买地养老,但顾炎武都拒绝了。顾炎武晚年不肯回昆山,其中一个原因就与几个外甥有关。几个外甥入朝为官,其后代也有多人科考入仕,徐氏成为当地的富家望族,一时间攀缘附会者众多,顾炎武怕回到昆山就被人情所缠,造成不好的影响。

后来,顾炎武去世后,徐乾学、徐元文出于对舅舅遗书、遗文、遗稿进行妥善保护的考虑,派人到曲沃、华阴,将这些遗物全部运到了北京。

著作流传千古

顾炎武的《日知录》,是一部经年累月、积金琢玉撰成的大型学术札记:"稽古有得,随时札记,久而类次成书。"它也是寄托顾炎武经世思想的一部书:"意在拨乱涤污,法古用夏,启多闻于来学,待一治于后王。"

《日知录》内容宏富,全书三十二卷,有条目一千多条,各条长短不拘,最长者《苏淞二府田赋之重》有五千多字,最短者《召杀》仅有九个字。

顾炎武的学生潘耒把《日知录》的内容大体划为八类,即经义、史学、官方、吏治、财赋、典礼、舆地、艺文。这种分类重视了《日知录》的经世意义,抓住了其主要方面。如果仅仅叹服其考据的精辟、文辞的博辨,那不是顾炎武

顾炎武传

著书的本意。

乾隆时期编纂的《四库全书总目提要》则将全书分作十五类：

> 大抵前七卷皆论经义，八卷至十二卷皆论政事，十三卷论世风，十四卷、十五卷论礼制，十六卷、十七卷皆论科举，十八卷至二十一卷皆论艺文，二十二卷至二十四卷杂论名义，二十五卷论古事真妄，二十六卷论史法，二十七卷论注书，二十八卷论杂事，二十九卷论兵及外国事，三十卷论天象术数，三十一卷论地理，三十二卷为杂考证。

这种分类偏重其学术意义，划分得虽更为细致，却得其体而遗其神，称颂顾氏考据之学，而贬低其经世思想，评价说：

> 炎武学有本原，博赡而能通贯，每一事必详其始末，参以证佐而后笔之于书。故引据浩繁，而牴牾者少。惟炎武生于明末，喜谈经世之务，激于时事，慨

然以复古为志,其说或迂而难行,或愎而过锐。观所作《音学五书后序》,至谓圣人复起,必举今日之音而还之淳古,是岂可行之事乎! 潘耒作是书序,乃盛称其经济,而以考据精详为末务,殆非笃论矣。

《日知录》体现了顾炎武研究学问的态度和方法,是对明朝空疏学风的拨乱反正,对于清代学风的转变与形成具有重要的作用。后来中国近代思想家、政治家、教育家梁启超认为:"论清学开山之祖,舍亭林没有第二人。"后人仍常用顾炎武"采铜于山"的比喻,说明历史研究要重视第一手资料,可见其影响之深远。

《天下郡国利病书》《肇域志》两部著作,花费了顾炎武毕生的心血,也是他为后世留下的宝贵财富。

《天下郡国利病书》记载了中国明代各地区社会政治经济状况,是一部历史地理著作,共一百二十卷。顾炎武自崇祯十二年(1639年),就开始搜集史籍、实录、方志及奏疏、文集中有关国计民生的资料,并对其中所载山川要塞、风土民情进行实地考察,以正得失。约于康熙初年编

定成书，后又不断增改，终未定稿。

为了写作《天下郡国利病书》，顾炎武通读二十一史，以及天下郡国地方志、名人文集、奏章文册之类数万卷，单就查阅的地方志书就有许多部。他还往来南北进行实地调查，曲折行程两三万里。他的这种面对现实研究当代史地、解决国计民生问题的精神和学风是难能可贵的。

《天下郡国利病书》以讲究郡国利病贯穿全书，重点辑录了兵防、赋税、水利三方面的内容。顾炎武十分重视研究各地军事地理，深感兵防之重要，所以书中对各地的形势、险要、卫所、城堡、关寨、岛礁、烽堠、民兵、巡司、马政、草场、兵力配备、粮草供应、屯田以及有关农民起义和其他社会动乱等方面的资料，无不详细摘录。

《天下郡国利病书》对于边疆的形势和沿革叙述得特别详细，从中可以看出顾炎武对于国家边陲的深切注意，以及其中蕴含着的爱国深情。在有关云南的篇章中，历述了云南、大理、临安、永昌、楚雄、曲靖、澄江、蒙化、鹤庆、姚安、广西、寻甸等府和车里、木邦、孟养等军民宣慰司的沿革。

《天下郡国利病书》在"边备"一卷中介绍了辽东、宣府、大同、榆林、宁夏、甘肃、哈密等地的形势。在"河套"及"西域"两卷中叙述了交趾、安南、琉球、日本、真腊、爪哇、三佛齐、暹罗、满剌加、苏门答腊、锡兰、佛郎机等国的位置、沿革、交通和物产等情况。这些内容对于后人了解古代边境各地和国外的情况,仍有相当重要的参考价值。

《肇域志》是一部全国性地理总志,同样始纂于崇祯十二年(1639年),成书于康熙元年(1662年),它是《天下郡国利病书》的姊妹作。此书一直未能刊印,只有十五部抄本流传,后存十一部。

《肇域志》是顾炎武随手札记、辑录史料的初稿,是一部未经厘正体例、删定统一的地理总志。原稿共有十五个部分,分为两京十三布政司,流传到乾隆末年已佚失京师、江西、四川、广西四部分。所以,本书又是一部不完整的志书。这部著作对明史的考证具有深远的意义。

另外,顾炎武还著有《音学五书》《金石文字记》《亭林诗文集》等作品,它们对后世都产生了深远的影响。